AF417604

Entre dos

Entre dos

El matrimonio, escuela de felicidad

Diego Alejandro Jaramillo

Dicen que detrás de todo gran hombre hay una gran mujer… pero detrás de un hombre simplísimo, limitado y tremendamente común y corriente como yo, tiene que haber tres mujeres extraordinarias.

A Paty, María José y María Alejandra,
mis tres tesoros.

Lo maravilloso de la educación está en nuestra simpleza como padres. Comprender que no somos perfectos, que estamos en constante aprendizaje y que también nosotros seguimos en proceso de formación hasta la muerte, nos hará comprender mejor a nuestros hijos, tenerles más paciencia y seguir en esta maravillosa aventura, disfrutando del regalo más grande que nos han dado: la paternidad y la maternidad. Ser tremendamente comunes y corrientes es lo que nos hace extraordinarios, comprendiendo que la educación es entre dos...

DIEGO ALEJANDRO JARAMILLO

El matrimonio,
un asunto de felicidad

...El secreto de la felicidad conyugal está en lo cotidiano, no en ensueños. Está en encontrar la alegría escondida que da la llegada al hogar; en el trato cariñoso con los hijos; en el trabajo de todos los días, en el que colabora la familia entera; en el buen humor ante las dificultades, que hay que afrontar con deportividad; en el aprovechamiento también de todos los adelantos que nos proporciona la civilización, para hacer la casa agradable, la vida más sencilla, la formación más eficaz.

JOSEMARÍA ESCRIVÁ DE BALAGUER

El tema de las ventas incide en la mayoría de las áreas el día de hoy. Se venden tratamientos psicológicos y mejora personal; se vende educación, formación y algunos llegan a la exagerada postura de vender felicidad e incluso esperanza. Claro, la culpa no es de quienes ofrecen, sino de los incautos que se acercan a pagar por algo que está al alcance de todos. Los seres humanos tienen una insaciable necesidad de apoyo y la mayoría de las veces se hunden en una soledad que termina consumiendo sus vidas. Entonces volvemos al tema de la familia, porque si estamos usando la palabra vender para cosas que pertenecen absolutamente a lo sensitivo, sería en esta área precisamente donde se realiza la fabricación de estos "productos".

Por esta razón, aunque este libro pretende hablar de educación, el verdadero tema es la felicidad. Debo aclarar que no hay nada que no hayan dicho los expertos, de mejor manera y seguramente más acertada; este es solo el producto de mis charlas a lo largo de varios años y sobre todo, del gran deseo de tener un hogar "luminoso y alegre"; asimismo quisiera simplificar las cosas para que leamos en pareja, porque la familia es un proyecto de vida, entre los dos, hombre y mujer, consultado, discutido, planeado y sobre todo: disfrutado.

Así que comencemos por la esencia: los esposos como fundamento de la familia, el "caldo de cultivo" donde nos hacemos personas coherentes, preparadas para el mundo y capaces de enfrentar las dificultades que podrían alejarnos de esa felicidad. En el núcleo familiar comenzamos a vivir esos pequeños rituales pertenecientes a nuestra sociedad, cultura e incluso comunidad. Aprendemos a comer educadamente, a saludar de beso, a despedirnos antes de dormir, a rezar, a amar e incluso aprendemos temas que parecen irrelevantes, como canciones de cuna, refranes y modismos, así como a cargar con las costumbres, que van desde la comida hasta la manera de vestir, así de sencillo. Al mismo tiempo, vivir en familia nos acerca a la trascendencia, porque no hay mayor motivación antropológica que crecer en medio del buen ejemplo, en un ambiente de cariño, ternura y protección. Si continuamos el símil de la familia como la fábrica de seguridad emocional en los seres humanos, entonces nuestro equipo de ventas son los matrimonios, que constituyen el pilar de este núcleo.

Los matrimonios somos una vitrina visible de educación, pues otras parejas observan cómo manejamos situaciones específicas. Escuchan de nuestros hijos por sus hijos, y se encuentran con temas sorprendentes: fiestas, permisos, enfermedades, discrepancias y no pocas veces asuntos íntimos. Esto causa curiosidad, sobre todo cuando somos matrimonios "contra corriente", que no hacemos lo que todos dicen o hacen. La vestimenta de los hijos también hace parte de esta "gama de productos", pues con esto enseñamos buen gusto, coherencia, pudor y estética, así como el buen uso del tiempo libre, las películas y programas de televisión que vemos y espectáculos a los que asistimos.

Ser naturales es una de las cosas que resultan más atractivas para los demás, sin posturas extrañas, mostrando que nos desenvolvemos bien en sociedad, que somos alegres, simpáticos, que compartimos con los amigos sin mostrarnos raros. La alegría es como un imán, atrae a todo el mundo. Mostrarnos cariñosos en pareja, sin necesidad de meloserías. El hombre galante y caballero con su esposa, la reina de su vida, la razón de su existencia; la mujer, mostrando que ese hombre es el centro de su universo y por lo tanto lo atiende con gusto, sin servilismo, se convierte en una gran enseñanza para algunos matrimonios que pueden olvidarse de que el verdadero proyecto de vida se construye entre los dos y para siempre; aunque los hijos son parte de ese "plan estratégico", están ahí para que les ayudemos a volar por sí mismos, porque al final volvemos a quedar solos, como al inicio, papá y mamá, pues los hijos se van a ir en algún momento. Tal vez no lo queramos todavía, pero llegará el día en que ese hijo adulto en casa nos hará sufrir, porque no encuentra su proyecto de vida. Así que se irán, inevitablemente, para bien o mal, y si no pudimos construir esa capacidad de buena convivencia, entonces fracasamos en nuestro plan. Muchos años de matrimonio no son cansancio, son confiabilidad, empatía —me encanta la palabra "compinchería"–; que no necesitemos de los demás para pasarla bien se convertirá en el mejor catálogo de una vida íntima estable y envidiable. No podemos vender lo que no somos, por supuesto, porque no tendríamos credibilidad en nuestra "empresa".

Existen más temas. Tenemos clientes externos, como nuestros amigos, los padres de los compañeros de nuestros hijos, los vecinos, los parientes, nuestros empleados, todo lo que hoy en día llaman los expertos *stakeholders*, cualquiera que esté implicado en nuestras actividades. Todos ellos nos ven actuar, observan cómo reaccionamos ante adversidades cotidianas e incluso es probable que copien algunas de nuestras acciones. Pero existe otro cliente, el interno: los hijos. Son ellos quienes le darán sostenibilidad a nuestro producto estrella: ser un hogar feliz. Cuando nuestros hijos tengan sus propias familias, se convertirán también en agentes vendedores de ejemplo; a ellos los buscarán sus propios amigos para un consejo y al mismo tiempo serán sus hijos los que mantendrán el legado.

Estamos en la industria de la felicidad, un producto que se necesita con urgencia en todos los hogares, una necesidad vital de todos los seres humanos y una de las formas más seguras de obtener verdadera riqueza. No puede ser producida de manera tecnológica, porque es totalmente artesanal, se fabrica en el día a día, moldeada con besos y abrazos, con ejemplo y coherencia, educando en valores y virtudes. No existe la jubilación sino el ascenso máximo, alcanzar juntos el *fin último* y saber que llegamos allí, porque el uno fue responsable de la trascendencia del otro. Lo mejor de todo es que no es una industria exclusiva, se necesitan más fábricas en todo el mundo, se necesitan a gritos matrimonios dispuestos a vender. Así que estamos ante el negocio *multinivel* más grande de la historia. ¿Le interesa? Solo tiene que querer, no es necesario que envíe su hoja de vida. Así que comencemos.

Cada vez que me preguntan por los retos más grandes del ser humano en el siglo XXI, respondo que es aprender a conciliar el trabajo y la familia. Indudablemente hombres y mujeres enfrentan el reto de realizarse como profesionales en un entorno competitivo, frío y lleno de exigencias cada vez más altas, y a la vez, el ideal de formar una familia es en muchos casos dejado en segundo plano y visto como un lastre, un obstáculo que no permite alcanzar los escaños más altos en una empresa.

En realidad no se trata de poner nuestros ideales en una balanza y comenzar a realizar sacrificios, pocos de nosotros podríamos dejar de trabajar un período o determinadas horas al día para dedicarle más tiempo a la familia. Sin embargo, es paradójico que los trabajos nos absorban cada vez más y al mismo tiempo la familia demande mayor atención, por las condiciones educativas, por las necesidades que enfrentan los hijos, la complejidad social y demás.

Entonces encontramos que el primer desafío de este individuo del siglo XXI es tener claros sus objetivos, entendiendo que las necesidades del ser humano se deben satisfacer de manera integral. No se puede entender la realización de una persona solo en el ámbito económico; basta con mirar las revistas de farándula, donde hay mujeres y hombres que tienen mucho dinero pero no son felices. Tampoco podemos quedarnos en casa y abandonar todo lo demás para dedicarnos de lleno a la familia, a pesar de que existen personas que tienen esa capacidad de entrega y abandonan profesiones —mujeres en su gran mayoría— para dedicarse al hogar. Se necesita una motivación totalmente trascendente para realizar este "sacrificio", si es que se puede llamar así, pero con toda seguridad se irán encontrando otras exigencias que van a desplazar esta necesidad y terminarán convirtiéndose en prioridad, si la decisión de abandonar algo no se ha tomado desde una perspectiva de realización a largo plazo. He escuchado varias veces que cualquiera que tenga hijos haría lo que fuera para sacarlos adelante, si es necesario realizaría labores impensables para su condición y estudios. Efectivamente no tengo duda de la sinceridad con la que se dice, pero los hijos necesitan padres que también luchen por su propia felicidad; ellos notan inmediatamente cuando uno no está bien, así que en realidad se trata de tener buena cara para llenar ese hogar de luz, porque el verdadero reto está en ser un profesional fuera de serie y al mismo tiempo incidir en el hogar de manera notable, siendo gentil con la pareja, escuchando a los hijos, participando en las decisiones y teniendo cabeza para planificar el siguiente día.

A Brian Dyson, expresidente de Coca Cola, le atribuyen haber dicho en uno de sus discursos que las personas veníamos al mundo haciendo malabarismo con cinco esferas, de las cuales cuatro son de vidrio: la familia, la salud, el espíritu y los amigos. Si alguna de ellas se llega a caer, se rompe irremediablemente; la quinta es de goma y representa al trabajo; si se cae, rebota. Claro, el trabajo no deja de ser importante, pero los que ya contamos con algunos años podemos referir anécdotas de cuando dejamos algún empleo o aquella situación en la que tuvimos que enfrentar dificultades, y finalmente salimos adelante. Pero un ser querido que se muere o un hijo que cae en una adicción son cosas que se llevan para siempre. Entonces es cuestión de darle equilibrio a las cosas. Si miro hacia adelante y vislumbro mis verdaderos objetivos —ya hablaré de objetivos en el último capítulo— y establezco mis prioridades, probablemente sienta necesidad de parar un poco el ritmo de trabajo, de irme más temprano a la casa, de dedicar ese fin de semana a la familia. Hasta ahora no he visto en ninguna empresa el monumento a la úlcera de nadie: "Esa escultura con un hueco en la mitad es el monumento a la úlcera de Martínez, un genio que solía trabajar aquí y murió hace diez años", en ninguna parte. Si llegáramos a "reventar" pronto se olvidarían de nosotros y nos reemplazaría alguien más hábil, más capacitado y que seguramente cobrará menos. Pero en la familia somos irremplazables, ellos nos necesitan. Especialistas en el área de la Antropología Trascendental, como Leonardo Polo, no solo afirman que la presencia activa de ambos padres es fundamental para los hijos, también la empresa se ve beneficiada cuando se promueve el tema familiar dentro de los empleados, al proporcionar más estabilidad y por lo tanto tener objetivos más claros. Es decir, darle igual prioridad a la familia que al trabajo. Tener horarios establecidos ayuda mucho, por ejemplo, poner en la agenda ese día de padre e hijo que es tan importante para ellos. Si existe algún evento del colegio, no importa que no sea algo grande, lo pongo en el calendario; no se trata de volverse irresponsable o dejar cosas por hacer, habrá cumpleaños que nos vamos a perder por un viaje imprevisto, pero si esto sucede con frecuencia, es porque algo estamos haciendo mal.

Una investigación que publicó hace poco la Universidad de New York (NYU), encontró después de haber realizado entrevistas a más de 80.000 adolescentes o adultos jóvenes que presentaban problemas de conducta o problemas emocionales, que en todos ellos coincidía que a pesar de tener papá, éste no había incidido en nada con su presencia; la ausencia paterna es la culpable de la mayoría de los desórdenes emocionales en las personas. Cuando el papá está muerto o ha desaparecido, de alguna manera esto se asimila mejor, porque papá ya no está y se acabó; pero en los casos en los que el papá está en casa y no participa de la educación, no da cariño o no permite la comunicación, entonces genera unas falencias irremplazables. Si se detienen un poco a pensar en este asunto, podemos sacar algunas conclusiones: sin mamá no somos nada, por supuesto, pero si un papá no da cariño, no nos dice que nos ama o no nos presta atención, nuestra parte emocional presenta un desbarajuste irreversible. De hecho, basta con leer un poco sobre las biografías de los grandes tiranos de la Historia, y en su mayoría tuvieron un papá presente, pero malo: abusaba de ellos, los golpeaba, los criticaba o no les prestaba atención. De todas maneras el ser humano tiene la capacidad de salir adelante a pesar de los problemas y puede escoger en crecer frente al dolor, o destruirse por el sufrimiento. Un psicólogo norteamericano se dedicó a estudiar la influencia del entorno sobre el éxito de las personas. Entre los perfiles que entrevistó, se encontró a unos hermanos gemelos que habían sido separados de su padre a corta edad y entregados en adopción a hogares diferentes. El primero estaba en la cárcel, condenado a cadena perpetua por asesinato y violación de menores, era adicto a las drogas y un ser desdichado. Cuando el investigador le preguntó a qué debía el estado de su vida, el hombre respondió con seguridad: "¿Le parece poco? Mi madre murió cuando yo tenía cinco años, quedamos solos con mi padre, que era alcohólico, nos golpeaba y abusaba de nosotros. ¿Qué esperaba que hiciera con mi vida?". El otro hermano era pastor de una iglesia en el sur de los Estados Unidos, tenía cinco hijos y un matrimonio estable, admirado y respetado por toda su comunidad. Cuando le preguntaron cómo era posible que su vida no fuera caótica después de todo lo que había pasado en su infancia, respondió: "No tenía elección, debía escoger entre ser feliz o infeliz. Todo lo que me pasó me hizo más fuerte". Así que repetir los errores de nuestros padres no es una condición, pero es más fácil cuando están presentes y dispuestos a minimizar esos errores.

Papá y mamá, aunque trabajen y tengan cargos de alta responsabilidad, deben tener claro que formar una familia requiere de presencia, que la educación de los hijos obedece a un plan que se realiza en conjunto, que la estabilidad económica es fundamental, pero que muchas personas cambiarían su fortuna por volver a estar junto a sus seres queridos, aunque fuera en medio de la pobreza.

Algunas pautas podrían ayudar. La primera es el horario: debemos terminar de trabajar a una hora donde todavía podamos llegar a casa y compartir. No podrá hacerse todos los días y tendremos épocas más duras que otras, pero debe ser una lucha constante, no solo con nosotros mismos, sino que debe fomentarse en nuestros empleados. Dedicar tiempo especial a cada uno de los miembros de la familia los hará sentirse especiales —mamá, papá e hijos—. No es suficiente con la salida de todos al restaurante el domingo, o el plan vacacional de cada año; la pareja y los hijos necesitan tiempo individual, no tiene que ser nada sofisticado o costoso, basta con aprovechar las ocasiones y salir con cada uno, escucharlos, conocerlos y al mismo tiempo que nos conozcan, que nos vean en acción alguna vez en el trabajo, que sepan que también luchamos por ser mejores y que al igual que a ellos nos cuesta. Llega un momento en que ya no somos perfectos; después de los ocho o nueve años se chocan con la dura realidad y ya mamá no es la más linda, ni papi el más alto y el más fuerte, van comprendiendo que somos seres humanos, y en esa medida vamos ganando un nuevo prestigio, con el trabajo, el respeto, la vida ordinaria. Muchos seres humanos recuerdan más una tarde de pelota con papá o ese helado que compartieron juntos sentados en la acera, que el viaje a Disney que realizó toda la familia.

El celular y la computadora pueden esperar durante la cena o cuando alguien tiene un problema. Lo ideal es dejarlos a un lado cuando estamos en familia; ya habrá tiempo para revisar los mensajes. Es triste ver a familias enteras en algún sitio y todos aislados en un celular o unos audífonos. Prestarles atención es fundamental. Entiendo que existen momentos en los que no quisiéramos ser interrumpidos, pero para ellos puede ser muy importante; levantar la vista de la computadora y mirarlo a los ojos es decirle: "Tienes cinco años, pero eres lo más importante para mí, aun esas cosas que parecen tan insulsas entiendo que para ti son la vida entera, así que te escucho con atención y respeto".

El buen humor siempre es una herramienta indispensable. Ser gentil y simpático ayuda mucho a las relaciones familiares; compartir momentos de conversación después de la comida o mientras vamos en el auto permite crear un ambiente de confianza que proporciona seguridad y tiende puentes a la hora de hablar cosas más serias. La comunicación debe ser espontánea, natural, si llegamos un día en la noche y los sentamos a todos en la sala porque vamos a conversar, va a parecer un regaño o inicio de demencia senil y no faltará el que pregunte si estamos en drogas. Es importante aprender a cortar con los problemas una vez se llega a la casa, aunque cueste. Claro, no somos perfectos, seres capaces de olvidar por completo un problema del trabajo, pero hacer un esfuerzo nos va entrenando para manejar estas emociones. Si no es posible, es bueno comentarlo en casa y pedir excusas por no estar de buen ánimo; explicar la situación ayuda a entender, tal vez solo necesitemos un abrazo o estar junto a las personas que amamos.

Finalmente hay que ordenar nuestros ideales y pensar qué estamos atesorando para más adelante; ser padres es igual que dedicarse a la agricultura: qué sembremos y cómo lo hagamos será fundamental a la hora de la cosecha, estaremos recogiendo el fruto de nuestro trabajo. Pregúntense cómo quieren ser recordados por sus hijos, qué queremos para nuestra realización. Al final de nuestros días, será la familia la que nos tomará la mano y ningún logro laboral o económico se podrá llevar para el más allá; pero el cariño, el afecto, el orgullo de haber construido una familia, de haber conseguido el propósito de ser personas de bien, eso se mantendrá para siempre.

Uno de los errores más grandes que podemos cometer en la vida es dedicarles la mayor parte de la atención a nuestros hijos. Cuando están pequeños, ni siquiera imaginamos que algún día se van a ir de casa, pero no podemos olvidar que educamos para que busquen su propia felicidad, educamos para la libertad, esa es la principal y única respuesta. Entonces fundamentamos esa felicidad de nuestros hijos sobre la nuestra. Ellos no solamente aprenden las normas y pequeños rituales familiares viéndonos; en el hogar, en la familia, es donde establecen su seguridad emocional, y de esto tenemos igual responsabilidad papá y mamá. Comencemos entonces hablando un poco de las diferencias fundamentales entre hombre y mujer. Parecería algo básico y casi ridículo tan solo enfrentar el tema, pero si fuéramos plenamente conscientes de estas características particulares, entonces entenderíamos mejor por qué suceden ciertas cosas entre los matrimonios. ¿Cuántas veces han escuchado chistes sobre el tiempo que tarda una mujer en vestirse o por qué los hombres no responden a una pregunta cuando están viendo un partido de fútbol? Estos comentarios frecuentemente están cargados de un nocivo machismo o feminismo, pero es indudable que tenemos diferencias y semejanzas; tenemos la misma dignidad como seres humanos, compartimos igualdad de oportunidades y ninguno es más inteligente que el otro. No se puede esquematizar al hombre y a la mujer en determinados oficios, pero la feminidad y la masculinidad son inherentes a cada uno. Una mujer puede pilotar un *jet* de combate o trabajar en una empresa de demolición y lo hará con sus propias características de mujer, ni mejor ni peor, lo hará a su manera; un hombre cambiará un pañal, hará dormir un bebé o bailará *ballet* con sus características propias. Eso es lo que hace maravillosa a una relación. Cuando la mujer actúa como hombre o el hombre como mujer, entonces se genera una caricatura desagradable que nos aleja de la igualdad. La mujer es más sensible, más sentimental, pero resiste mejor el dolor; un hombre evitará el sufrimiento en lo posible, por eso la mujer es más dada a ayudar. Recuerden, no se pueden crear clichés: hay hombres más sensibles que una mujer y hay mujeres exitosas en deportes de riesgo; el hombre tiene capacidad de llorar y no hay nada más conmovedor que un hombre rudo derrumbado por el dolor. La mujer trabaja como hormiga, a intervalos cortos, porque se cansa rápidamente, pero recupera la energía en poco tiempo y puede repetir este ciclo durante largas jornadas. En cambio el hombre es más intenso en el trabajo, se demora más en gastar la energía, pero cae derrumbado al terminar su resistencia. Esto no es una excusa y no puede utilizarse como pretexto para abusar de las esposas, pero una mujer se levanta temprano en la mañana, levanta a los niños para que se bañen y se preparen para ir al colegio y luego levanta a su esposo, algunas veces con un café en la cama; salen a trabajar a la misma hora, pero al final del día ella llegará a la casa a preparar la comida, mientras que el esposo tendrá que tumbarse en el mueble porque está exhausto; ella continuará con la lonchera, haciendo tareas, preparando el uniforme y en fin, cuando vaya a la cama incluso se habrá dado una ducha para oler bien para él. Repito, algunos señores son unos sinvergüenzas desconsiderados que se aprovechan de esto. Las tareas de la casa no son un rol preestablecido y podemos repartirlas para hacernos la vida más agradable. Arreglar la cama, recoger la ropa sucia, limpiar el lavamanos para evitar esos restos de la rasurada que tanto le molestan a ella o esos cabellos largos en el desagüe de la ducha que tanto le molestan a él son gestos de delicadeza; le abrimos la puerta o le corremos la silla porque la amamos, para hacerla sentir importante, no porque sea incapaz; ella a su vez nos sirven la comida como un acto de amor, no como una muestra de sumisión. Claro, se trata de compartir. Si ella debe poner la ropa en la lavadora, la acompañamos, le ayudamos a doblar, secamos los platos, estamos a su lado mientras prepara la comida; nos turnamos en la anoche para atender a uno de los pequeños que llora y le agradecemos por todo lo que hace por nosotros; ellas por su parte deben tenernos paciencia y permitir que hagamos las cosas a nuestra manera: no tendemos la cama bien, pero no nos critiquen, déjennos ayudar; no cambiamos el pañal de manera perfecta, terminamos asegurándolo con cinta aislante y cogemos al niño de un pie para bañarlo con la manguera, pero es nuestra manera de hacerlo; si no nos dejan porque lo hacemos mal, entonces el mejor lugar de la casa será el sillón frente al televisor; hay excepciones, claro; un resfriado en los varones es equivalente a una enfermedad terminal, no podemos con la vida, definitivamente las mujeres son más fuertes en ese sentido. Si ella se demora en arreglarse debemos tener paciencia, entender que para ella es muy importante estar bella, sentirse bien; espera nuestros halagos. No importa que cuando nos pregunte cuál vestido nos gusta más, si el negro o el rojo, siempre se ponga el contrario del que escogemos, es parte de su feminidad y en realidad es muy poco para toda la felicidad que nos da; las mujeres, por su parte, deben comprender que nos siguen gustando los juguetes, somos competitivos, impacientes, a veces sucios y también nos gusta escuchar que estamos bien, que nos queda bien el azul y que somos atractivos. No olvidemos que uno de los pilares de la relación es la admiración, ésta fundamenta el respeto y mantiene el amor. Ambos tienen igual responsabilidad, pero debo decir que por naturaleza la mujer tiene un don especial para los detalles, para entender al hombre, para saber qué hacer y cómo actuar en distintas situaciones; los hombres somos más primarios. Así que una mujer inteligente, que sabe utilizar todos los dones que tiene a su favor, será la artífice para un matrimonio estable. Por supuesto que no puede sola, necesita que el hombre ponga de su parte, pero incluso eso es capaz de lograrlo.

Ahora veamos unas pequeñas reglas para mantener la armonía. Es normal tener discusiones, somos personas distintas, con diferentes gustos y temperamentos, pero pasarse de tono o discutir por todo no es normal. No crean en ese cuento de la crisis de los dos, tres o cuatro años; eso es falso y únicamente está dentro de nuestra cabeza. Claro, hay épocas donde somos más susceptibles a una discusión, pero debemos reconocer que la mayoría de las veces peleamos por estupideces. No discutamos frente a extraños, menos delante de los hijos. Lo mejor es morderse la lengua, porque en ocasiones solo queremos ganar la discusión y responder, hacer sentir mi poder, mi sabiduría; pero si la conozco o lo conozco, si sé que es irascible, temperamental o si advierto que ha tenido un mal día, pues me aguanto y después de un rato parece absurdo. Algunas veces existen cosas que realmente nos molestan y es importante conversarlo, teniendo en cuenta el respeto, la delicadeza y siempre poniendo por delante el cariño. He escuchado muchas veces que una pareja nunca debe irse a dormir disgustada y seguramente vale la pena ponerlo en práctica muchas veces. Pero ahora me atrevo a decir lo contrario: existen situaciones en las que estamos tan acalorados que lo mejor es dejar que las cosas se enfríen un poco. Por supuesto, no es bueno dejar molestias para después, porque suelen convertirse en heridas que no sanan y se convierten en pústulas venenosas que carcomen el respeto. Pero cuando pasa un rato, una noche, terminamos reconociendo que es una estupidez y no vale la pena desgastarnos. Sin embargo, es sano

tener como costumbre decir lo que nos molesta.
No es bueno volver todo muy trascendente, convertir esas situaciones cotidianas en asuntos de vida o muerte; pero, si creen que algo no va bien, conviene decirlo. Claro, partamos de una pésima noticia: la mayoría de los defectos no tienen solución; podemos aprender a administrar nuestros defectos, pero cambiarlos es prácticamente imposible. Por esta razón es tan importante el noviazgo, ese tiempo de conocimiento, sin idealizar a la otra persona, pensando en que debemos amar esos defectos, no creer que con el tiempo, paciencia y perseverancia los vamos a cambiar. Algunas personas lo hacen, pero la mayoría de las veces cargamos con esas pequeñas o grandes cosas que nos hacen humanos.

La familia política es un aspecto común de discordia. Debemos comprender que una vez que nos casamos emprendemos nuestra propia familia. No quiere decir que dejamos de querer a nuestros padres o hermanos, pero cada ocho días a casa de mamá es tedioso. Los hombres se vuelven pesados cuando le recuerdan a su esposa que mamá es una excelente cocinera, que ella sí sabe cómo llevar una casa, es un tema álgido que suele herir a las mujeres; es difícil tomar partido cuando se trata de una pelea entre mi mamá y mi esposa, y aunque procuramos ser ecuánimes, debo cuidar mi hogar, la prioridad de mi vida, el centro de mi universo, por lo tanto, a mi cónyuge. Hay casos y casos y a mis oídos llegan unos cuentos de "brujas" que se salen de contexto. Por otro lado, pensemos en que suegras, suegros, cuñados son parte de ese ser al que amamos tanto, y ser gentiles, discretos, corteses, es una muestra de amor. No debemos vivir con nuestra familia política, ni con nadie que sea externo al núcleo familiar; es peligroso, dañino, pero existen excepciones, como cuando tenemos que acoger al suegro, por ejemplo, porque está enfermo y necesita que lo cuiden. En estos casos se debe conversar sin discutir, sin imponer, explicar las razones, pedirle a todos que tengan en cuenta que es un acto de amor. Resulta edificante, sin dejar de ser difícil, porque todos los actos que lleven consigo generosidad son buenos para la formación de los integrantes de una familia.

No me gustan los días de mujeres o de hombres; ella los jueves con sus amigas y él otro día con su grupo de toda la vida. No es bueno. Cuando nos casamos, escogemos a esa persona para compartir todo, no existe motivo para que yo siga necesitando tiempo "libre" porque no estoy en una prisión. Habrá alguien que esté en desacuerdo y respeto profundamente otras posturas, pero el secreto fundamental de la fidelidad es evitar. El mejor órgano del cuerpo para alejar a las tentaciones no es el cerebro, sino las piernas: ante el peligro, ¡corran! Existe una anécdota del músico español Isaac Albéniz. Dicen que estando en París en una serie de conciertos, escribió un telegrama a su esposa que se había quedado en España: "Ven pronto, estoy gravísimo". Ella tomó el primer tren hacia Francia, deshecha por la angustia. Cuando se bajó en la estación, la sorprendió ver que su marido la estaba esperando, con un ramo de flores en la mano y fumando un enorme puro. "¿No estabas tan grave?", preguntó ella molesta por la enorme preocupación que le había causado. "Estaba gravísimo", respondió él, "me estaba enamorando de otra".

Compartamos espacios, busquemos actividades en común. No estoy diciendo que todo el que sale solo es porque busca una infidelidad, pero el licor afecta nuestra voluntad y existen ambientes y ambientes; si a él le gusta el fútbol, a usted, señora, no le queda más remedio que sentarse a ver el partido. Hágale un piqueo, ponga unas cervezas o un vino en la refrigeradora y siéntese junto a él, verá cómo no le interesa irse a ningún sitio con pantalla gigante; pero el matrimonio debe ser equitativo, así que los señores a la vez cedemos en lo que a ellas les gusta; sea el programa de televisión o irse de compras y esperar a que se midan mil pares de zapatos sin renegar y si es posible dándole comentarios que le ayuden a escoger. Parece una misión imposible, pero se trata de ceder en aquello en lo que puedo, porque definitivamente existirán cosas que no voy a hacer por nada en el mundo. El deporte, por ejemplo, puede unir tanto como separar. Estas son cosas que debemos manejar con cuidado y mucho cariño. Montar en bicicleta, hacer montañismo o practicar buceo no siempre son cosas que se comparten, pero siempre habrá otras en común. Tratemos de apoyar al otro sin dejarlo solo, haciendo su vida más amable porque lo amamos y admiramos. Cierro el tema de los amigos recordándoles que es impensable un mejor amigo o amiga del sexo opuesto, eso está fuera de discusión. Mi mejor amiga es mi esposa.

Las crisis vienen con detonantes, la mayoría de las veces externos, y debemos estar preparados para enfrentarlas con madurez, diálogo y comprensión. Entre las crisis más comunes están las económicas, duras y difíciles de afrontar, pero si las pasamos juntos robustecen a toda la familia, dejándola más sobria, unida y creativa, pues, en las crisis, las familias innovan en pasatiempos, moda y artes culinarias; una pérdida de un ser querido, una enfermedad o un accidente pueden convertirse en crisis si no entendemos que el dolor tiene un propósito de crecimiento y que luego, cuando salimos adelante, estamos más fuertes. Aunque no es mi intención hablar mucho de religión, los matrimonios que ponen a Dios en el medio son capaces de enfrentar la crisis que sea. Es más, si considero que mi esposa es el vehículo de mi salvación y yo soy el de ella, este libro es innecesario, porque ahí está todo resumido. La llegada de los hijos también puede ser motivo de discordia, por las malas noches, el cambio de hábitos y el exceso de atención. No podemos permitir que los hijos ocupen el pedestal en el que tenemos puesta a nuestra pareja; ellos deben entender que el puesto más importante lo ocupa papá o mamá y eso se los damos a entender cuando saludamos o atendemos al otro. Temas más fuertes como infidelidad, adicciones a drogas, alcohol, juego, internet, pornografía, etc., deben ser tratados por especialistas, pues tanto el adicto como la familia suelen necesitar orientación profesional. La partida de los hijos y la jubilación nos pueden tomar poco preparados si no hemos construido una relación de pareja estable, cómoda y amistosa. El tema religioso también podría causar molestias en el cónyuge. Las mujeres suelen tener más tendencia a la piedad, pero hay hombres que también han encontrado su hoja de ruta en un plan de vida espiritual. Es un aspecto que se debería considerar seriamente durante el noviazgo, pues podría ser causa de muchos inconvenientes. En todo caso no podemos obligarlo a asistir a las ceremonias, lo mejor es el cariño, la delicadeza, explicarle las razones maravillosas de la fe, porque muchas veces no es un agnosticismo confirmado, sino falta de formación o falta de que enciendan esa llamita que está en el corazón. Si quiere que vaya a Misa, busque un horario que no altere las cosas que le gusten, no se le ocurra organizar el bautizo el día del partido que le gusta o de la final de tenis, lo que queremos es irlo iniciando poco a poco, porque lo amamos tanto que queremos lo mejor para él. Existen otras causas de crisis y muchas de ellas pueden ser ocasionadas por trastornos físicos u hormonales; obviamente un médico es el mejor aliado en estos casos, pero existe un "monstruo mayor" y es la rutina, a la cual debemos combatir constantemente. No podemos permitir que el cansancio y el tedio se inmiscuyan en nuestras vidas. La televisión es uno de los peores causantes, sobre todo si se la tiene en el cuarto: nos dormimos viendo televisión, soñamos con el sonido y las voces y luego nos despertamos con el mismo ambiente. El televisor debe estar en un lugar común de la casa, ni en los cuartos de los hijos ni en el nuestro; así podemos controlar lo que vemos en familia y compartir programas en común, pero limitando el tiempo. Dedicarse espacio el uno al otro, escuchar música juntos, salir a cenar solos de vez en cuando, o simplemente conversar en la oscuridad de la sala suele ser un ambiente propicio para compartir. Sentarse juntos en la computadora para buscar esas canciones que nos gustaban cuando éramos novios, leer un libro juntos, compartir un juego, son cosas sencillas y que no cuestan, pero si tenemos la oportunidad, viene muy bien hacer un viajecito corto sin los niños. No debemos tener cuentas separadas: mi carro, tu casa, mis ahorros... Es un proyecto conjunto y debemos permitir que quien sea más hábil maneje las finanzas del hogar; la mayoría de las veces son las mujeres. El matrimonio es para toda la vida y tener preparada mi vida porque puedo divorciarme es tener una ventana abierta por donde puede entrar una brisa maloliente.

La sexualidad es un tema que debe ser considerado como parte esencial del matrimonio. Somos personas sexuadas, por naturaleza, desde el momento de la concepción hasta nuestra muerte, pero en hombres y mujeres el cuerpo responde distinto, sin que sea más o menos importante para uno que para el otro. El hombre es sexual y la mujer es sensual. Él responde más rápido al estímulo y ella necesita más ternura, más tiempo. Debemos conversar del tema, aunque a veces resulte incómodo, y estar conscientes de las necesidades de cada uno, entendiendo la psicología masculina y femenina, sin ser egoístas ni creando situaciones extrañas que puedan llevarnos al irrespeto. La cama es el altar del matrimonio, entendiendo que es allí donde estas dos personas que se aman se funden en uno solo y se abren a la fecundidad.

En resumen, matrimonios felices, hijos felices. El matrimonio es el crisol donde se moldean los seres humanos buenos, preparados para enfrentar las dificultades, para levantarse a pesar del dolor, pero los matrimonios, en un ambiente de amor y de cordialidad, construyen un proyecto de vida, en medio de esas etapas complejas por las que pasa cada ser humano. Así que hablemos de los hijos.

La educación
de los hijos

Los padres son los primeros y únicos educadores de los hijos, es una labor que no se le puede delegar a nadie más, por bueno que sea.

Muchos dicen que "niños pequeños, problemas pequeños" y probablemente tengan razón en la medida en que los problemas inciden en nuestra tranquilidad. Si un bebé tiene problemas con el sueño o una niña de 4 años es desordenada, parece abismalmente menos grave que si un adolescente está en drogas o mantiene relaciones sexuales con su novia; y guardando las proporciones, por supuesto que es así. Pero son los primeros años donde vamos formando la voluntad, esa capacidad de elegir bien o mal que después les va a ser de tanta ayuda. La educación es un desafío en todas las edades y bien se puede mirar como "ya verás lo que son verdaderos problemas" o disfrutar de las etapas de nuestros hijos en todo momento, sin ser alarmistas y viviendo cada situación con naturalidad, pensando siempre en el largo plazo y no en el momento, en apagar los incendios que después ya veremos.

En todo caso, nuestros hijos son mucho más que el futuro; si nos ponemos a pensar, tenemos en nuestras manos su felicidad, los estamos formando para muchas cosas, pero al final también somos artífices de su trascendencia. Claro, está de por medio la libertad, esa palabra que tanto mencionaremos en este libro, porque ellos podrán escoger lo que más les convenga y en el peor de los casos lo que más les plazca, pero somos nosotros quienes habremos dado fuerza a esa capacidad de escoger. Así que de nosotros dependen sus buenas costumbres, gran parte de su personalidad, su ética, su templanza, su fuerza de voluntad.

Para que la educación funcione, papá y mamá deben conversar al respecto. Educar a los hijos obedece a un plan conjunto, a ponerse previamente de acuerdo en temas como castigos, permisos, regalos, costumbres y sobre todo reglas, las cuales deben respetarse. Esto no significa que debamos ser inflexibles y que a veces, por alguna circunstancia y dialogando, las reglas no puedan romperse. Voy a poner ejemplos, porque sé que me estoy metiendo en un campo minado, y respeto mucho a esas "mamás sargento" que hacen cumplir las reglas al pie de la letra. Por favor, no hay ningún dejo de ironía en mis palabras, repito, respeto mucho a esas mamás fuertes, lo que sucede es que a veces me gusta más la simpatía, las reglas con alegría, la complicidad que la autocracia. Pero debo decir que ambas maneras son eficaces y solo tengo mis dudas sobre si esta estrategia fuerte sirve en un adolescente complicado. El acatamiento funciona, pero no genera aprendizaje; necesitamos que vaya interiorizando esas "normas" de buena conducta para que las siga cuando estén solos, que no necesiten nuestra imagen con el cinturón en la mano. Un ejemplo simple sería el horario para acostarse. En casa se decide que el momento para ir a la cama es a las 9, o a las 10, lo que quieran, y a esa hora se va todo el mundo a la cama, aunque no tengan sueño. Dormir es necesario para el buen funcionamiento del organismo; la mayoría dice que el ser humano necesita ocho horas de sueño; sin embargo, mi experiencia es que depende mucho del metabolismo del cuerpo: unos necesitan más y otros menos. Claro, es fundamental crear buenos hábitos, y dentro del hábito del orden está el acostarse a una hora prudente. Estoy usando ejemplos para el tema de romper las reglas en ciertas ocasiones como algo positivo: papá está de viaje y regresa a casa después de algunos días. Esa ocasión es buena para romper las reglas; papá ha llegado y la excitación de los niños no los dejará dormir. Estar con papá hasta tarde, dormir en la cama con él (otra regla rota) y hasta faltar a la escuela al día siguiente son ejemplos de situaciones que de manera excepcional podrían romper las reglas previamente establecidas, dejando claro que son excepciones y poniéndonos previamente de acuerdo. Lo que sería fatal es que mamá los mandara a la cama, o los levantara a la escuela y papá, hecho el bueno, les dijera que se queden, desautorizando a mamá.

Voy a contar algunos ejemplos personales, que en casa han funcionado. No quiero que parezcan prácticas loables que todo el mundo deba seguir, me refiero a que a mí me han ayudado —se sobreentiende que los temas personales deben evitarse en un libro de educación, pero no quiero seguir ningún esquema establecido, ni siquiera éste—. Tuvimos una época de nuestro matrimonio donde yo tenía un horario de trabajo bastante extenso. Mis hijas estaban muy pequeñas y yo debía salir a las siete de la mañana y regresaba a las diez u once de la noche. Esto se repetía todos los días de la semana y algunas veces los sábados. Me estaba perdiendo las mejores cosas, estar con ellas un rato en la noche, la tertulia después de la cena, leerles un cuento, hacerlas dormir, en fin, cosas que parecen cotidianas, pero que son las que van afianzando la seguridad emocional y la vida de familia, pero teníamos que cumplir con las cuotas de nuestra primera casa. Entonces mi mujer decidió algo sabio, que causó algunas malas impresiones entre parientes y amigos cercanos. Todavía veo algunos gestos de desagrado cuando cuento la anécdota en alguna conferencia. Un día llegué a la casa y encontré a las niñas despiertas y jugando, eran las diez de la noche. Ante mi sorpresa, mi esposa respondió: papá llega tarde, así que ellas van a cambiar su horario. Dormirán hasta más tarde, harán siesta y estarán levantadas para jugar con papá. Claro, logramos hacer vida a esas horas, algunos vecinos protestaron porque en mi casa se escuchaba Barney y se hacían asados hasta la media noche, pero tuve la fortuna de compartir con ellas cada noche durante algunos años, hasta que todo se estabilizó. ¿Tuvimos problemas? Sí, algunos. Costó devolverles el hábito de acostarse un poco más temprano, la verdad no lo hemos logrado del todo, pero nunca tuvimos quejas de la escuela cuando tuvieron que asistir y su desempeño escolar fue normal. Lo que sí puedo decir con toda seguridad es que gané en mi relación con ellas, en la confianza, en la compinchería que se mantiene incluso ahora que están en la adolescencia.

El tema religioso debe manejarse con mucho cuidado, pues la piedad se fomenta con naturalidad, cariño y sin exageración. He visto en la iglesia que algunos papás les llevan juguetes a los niños para que no molesten. Claro, una Misa de domingo es un poco larga para una criatura de dos o tres años, pero le podemos ir narrando lo que está pasando, cargarlo y susurrarle al oído lo feliz que está Jesús de que él se porte bien, felicitarlo por el esfuerzo que está haciendo. Al principio costará un poco, pero con el tiempo se acostumbrarán. Insisto, es cuestión de ver en cada familia cuáles son las reglas en las que se puede ceder y en cuáles no. En mi casa, que somos católicos, no se puede faltar a Misa un domingo, esa regla es inquebrantable, pero en cambio somos menos estrictos con el tema de dormir hasta más tarde o en tener que ir con nosotros a alguna visita. Básicamente educar en la piedad es mostrar la belleza de Dios, que se manifiesta a través de la cultura, en los templos, en el arte religioso, en la música, en la misma liturgia, son elementos pedagógicos maravillosos y sencillos a la hora de trabajar este aspecto.

Pero comencemos a hablar del tema que será la base para las demás decisiones que ellos tendrán que tomar en sus vidas: la voluntad. Comienza a ejercitarse desde los primeros años y toca áreas tan distantes como resistir el cansancio físico o ser fiel en el matrimonio. La voluntad es uno de los temas más tratados actualmente en la educación, pues es la falta de ésta la causante de muchos de los problemas sociales que nos aquejan. Se trata de que nuestros hijos hagan las cosas porque tienen motivos, porque admiran lo que tienen que hacer —admiración de la bondad, admiración por la belleza de la verdad, por las cosas que valen la pena en la vida—. Desde la primera infancia se deben inculcar los hábitos y, así, de manera constante, los hijos van aprendiendo con el esfuerzo. Está claro que cada familia tiene su estilo de vida, pero deben existir unas reglas de juego para hacerse obedecer y hacer más agradable la convivencia. La costumbre de cumplir lo que está establecido a la misma hora es necesaria, aunque alguna vez se podrá tener la flexibilidad de hacer algún cambio, pero siempre por circunstancias extraordinarias. Sin embargo, es importante tener en cuenta que los niños viven el momento, tener flexibilidad significa romper las reglas y no todos lo manejan bien —según la personalidad—, podría resultar que lejos de ser agradable faltar a la escuela o a la guardería, se convirtiera en una situación de estrés. Avisar con tiempo, prepararlos para romper esa rutina, les aliviará la sensación de incomodidad; en otros casos explicarles que no asistirá a la escuela porque papito quiere estar con él, o cualquiera que sea la situación. Por eso he insistido tanto en conocerlos bien. Para algunos de nuestros hijos, asignarles una tarea es algo insignificante y sin mucho misterio; para otros es un asunto de tal responsabilidad, que incumplirla significa romper con su tranquilidad; por lo general, estos últimos son más exigentes con ellos mismos, y también esto tendremos que manejarlo con suma prudencia.

Nuestros hijos e hijas deben tener el deseo de cumplir aquello que piden los padres y que los ayudará a hacerse responsables. Una actitud positiva anima a la obediencia y a cumplir las normas establecidas con más ilusión. En este tema, conviene recordar que la autoestima de cada cual es necesaria para obedecer con más prontitud. Tenemos que tener unos objetivos claros de la formación y de los valores que queremos transmitir. Con los más pequeños podemos recurrir a darle a la obligación un carácter de juego. Por ejemplo, cronometrar el tiempo que se demoran recogiendo los juguetes le da un aire de competencia; mucho más agradable que decirle: ¡recoge! También se puede darle al cesto de la ropa sucia un aspecto llamativo (un dragón con la boca abierta, un cofre de pirata). Con los más grandes conviene pactar, llegar a acuerdos a través del diálogo. Evitar siempre las confrontaciones y fomentar los pequeños sacrificios que irán moldeando su personalidad. Por eso es tan importante conocer bien a nuestros hijos; lo que funciona con uno podrá fracasar con otro. El tema de la comida es uno de los más frecuentes. No siempre lo que más les gusta es lo mejor para ellos, aunque de vez en cuando se pueda ceder. Con los más chicos este aspecto es vital, pues están formando el carácter; es aquí donde adquieren hábitos para el resto de su vida y pueden comenzar los problemas de peso. Por supuesto, en la educación no se consigue ningún resultado si no va acompañado del ejemplo.

Una de las mejores formas de trabajar la voluntad en un ser humano es establecer pequeñas prácticas, como si alguien fuera a correr una maratón y decide comenzar por darle algunas vueltas a la manzana. Si el niño pequeño tiene sed, pues entonces le decimos que aguante un poco y trato de demorar el vaso de agua un tiempo. No se trata de torturarlo, se trata de decirle ¿puedes esperar un poco más? ¿Te parece si te doy de beber en cinco minutos? Lo mismo cuando quiere que lo carguemos, cuando se niega a comer algo que no le gusta o cuando quiere un juguete. Recuerden que la educación apunta a la felicidad y les garantizo que es el deseo absoluto que tenemos los padres, así que aprender a enfrentar la frustración o un poco de "dolor" los va a preparar para el mundo. Ningún padre quisiera ver sufrir a su hijo y si fuera posible los llevaríamos bajo una burbuja a través de la vida, pero los estamos preparando para el mundo, para que tomen sus propias decisiones, así que no podemos garantizarles que no van a sufrir. El dolor también representa un crecimiento en el ser humano, en la medida en que lo aprovechemos para nuestra mejora continua. Una necesidad económica, la pérdida de un ser querido, no conseguir lo que se esperaba o una enfermedad, son situaciones que debemos aprender a afrontar, y es mucho más fácil si en casa me han preparado para superar los obstáculos y seguir adelante. Esa inteligencia emocional de la que tanto se habla ahora se resume en esto: aprender a manejar nuestras emociones, nuestros apetitos y nuestros problemas.

"El conocido psiquiatra Viktor E. Frankl ha estudiado un gran número de casos de personas que han padecido dura cautividad en campos de concentración. Según su relato, no fueron los más fuertes quienes superaron positivamente la experiencia del campo de Auswitz, sino los que tenían un motivo y una esperanza: mujer, hijos, tarea, ideal, Dios, en una palabra, alguien a quien no podían defraudar abandonándose a una muerte miserable sin dignidad. Los que sobrevivieron de este modo sabían que, si algo no les aniquilaba, les fortalecía; que si no podían esperar nada de la vida, era cuestión de preguntarse por lo que la vida esperaba de ellos (…). En 1983, en *The Times*, Solzhenitsin declaraba: 'El dolor es esencial para nuestro progreso espiritual y para nuestro perfeccionamiento interior. El sufrimiento viene repartido a la humanidad y a cada hombre, en una cantidad suficiente, para que el hombre pueda sacar utilidad de él, si lo sabe usar para su crecimiento interior'" (*El sentido del dolor*. Conversación con Joan Vilar, doctor en medicina y teología. www.arvo.net).

Entonces comencemos por partes. ¿Cuál es la principal tarea de unos padres que quieran liderar la educación de los hijos desde el inicio? Unos padres contracorriente, dispuestos a luchar por un plan de vida realizado en común, con la convicción de que este proyecto de vida los enriquece a ellos, a los hijos, a la familia y a la sociedad entera, teniendo claros tres aspectos fundamentales que se deben manejar dentro de la educación: O + C + M (Objetivos, Comunicación y Motivación).

1. Saber trazar objetivos: venderles a nuestros hijos objetivos trascendentes e integrales, teniendo mucho cuidado con el reduccionismo. Se les hace creer a los chicos que el éxito se fundamenta en lo económico y no es así. Los objetivos

deben abarcar todas las áreas, también lo material, por supuesto, sin olvidar, lo físico, afectivo, profesional, familiar y espiritual. Hay que hablarles de objetivos grandes, la ambición es una gran cualidad en el ser humano cuando abarca la felicidad de manera total. Es positivo en una niña o niño pequeño que diga que quiere ser el mejor jugador de fútbol de mundo, pero a la vez quiere ser el mejor papá. Claro, no nos olvidemos de que son niños, y querer ser *Spiderman* está enmarcado dentro de un rango normal para su edad, así que aprovechamos eso y le decimos que está muy bien que quiera ayudar a las personas.

2. Saber comunicar: decirle lo que tiene que hacer para alcanzar esos objetivos. Las cosas que planificamos se alcanzan a través de perseverancia, de trabajo duro, de levantarse una y otra vez, pero hay que decirles lo que tienen que hacer para lograrlo. Hacer ejercicio, alimentarse bien, le va a servir para ser ese hombre o esa mujer fuerte que tanto admiran; ser educado y obediente significa dar las gracias, pedir permiso para levantarse de la mesa, tener buenas costumbres y ser ordenado, pero le decimos cómo hacerlo y se lo facilitamos. Si queremos trabajar el orden no podemos volverlo algo imperativo y desgas-

tarnos cada noche peleándonos. Funciona más si apunto a un objetivo específico, por ejemplo, recoger los juguetes. No es todo el orden, pero es una parte y es más fácil de visualizar. Para que sea más sencillo pongo una cesta en su cuarto y le digo que ahí debe colocar los juguetes. Esa cesta será más atractiva si está decorada con los personajes de la película *Cars* o tiene imágenes de las princesas de Disney, pero debo ser claro al momento de decirle que los juguetes van en esa cesta. Seguramente debo acompañarlo las primeras veces y fomentarle el trabajo con una historia, con compañía. Algunos son muy competitivos, hombres y mujeres, y basta con decirles que vamos a cronometrar cuánto se demoran, eso los hace salir como un rayo.

3. Saber motivar: encontrar cómo hacer que quieran conseguir esos objetivos es fundamental. Cuando los chicos encuentran que las cosas tienen una explicación lógica que los llevará a un logro superior, entonces estamos educando de verdad. "Si no te tomas la sopa llamo al policía" es ejemplo de lo que no se debe hacer. Las mamás son sabias y desde la antigüedad han encontrado soluciones a este dilema. El "tómate la sopa por tu papi" que le he escuchado a muchas abuelas ya lleva un toque positivo, pero imagi-

nen: "Tómate la sopa por el tío Pepe que está en el hospital, o por tu amiguito que tiene a su mami enferma" ya es apuntar a la trascendencia. Claro, hay cosas más simples: para que tengas más fuerza, para que seas más veloz, para que estés más sana, etc.

Así que empezamos a comprender que estamos preparando a nuestros hijos para la vida: queremos que aprendan a pensar, a querer, a trabajar, a hacer uso del tiempo libre, es decir, preparamos para diferentes ámbitos y con ese propósito les planteamos metas en cada uno de ellos.

La vida social: desde pequeños les vamos inculcando diferentes normas sociales que obedecen a nuestras costumbres, convicciones y entorno en el que nos desenvolvemos. Los hijos de un diplomático o de un artista aprenden a moverse en entornos sociales a los que otros niños pequeños no tienen acceso. Así que aprenden más rápido a comportarse en una conferencia, en un concierto de música clásica o en una visita donde se debe mantener cierto protocolo. Menciono estas dos profesiones como un ejemplo y a la ligera, pero sucede con cientos de situaciones. Enseñarles a estrechar la mano desde pequeños, y a que lo hagan con firmeza es un buen hábito que después dirá mucho de su personalidad; hay sociedades donde se debe saludar de beso, otras donde debe hacerse una reverencia, pero debe salir con naturalidad, no como una imposición, no se trata de que sean imitaciones de adultos o de una mamá empujándolo con disimulo desde atrás para que salude, sino de niños que se mueven con desenvoltura en la sociedad. Que aprendan a comer bien, a usar cubiertos y a sentarse con una buena postura y educación, depende de que lo hagamos todos los días en casa y con naturalidad. Los hábitos y costumbres son repeticiones continuas de situaciones que después hacemos de manera inconsciente. Debo añadir dentro de lo social a la vida política. Es importante inculcar respeto por las autoridades y gobernantes, cuidar los comentarios que hacemos y al emitir opiniones tratar de ser cuidadosos y ecuánimes. No puedo hablar de ética y trasparencia en casa cuando me han visto que soborno o eludo la ley. No puede haber criterio para elegir un gobernante si no voy fomentando el criticismo desde los primeros años. Es muy interesante y a veces divertido preguntarles por temas de política, algunos lo hacen con mucha coherencia, incluso más que algunos adultos, pero otros repiten exactamente lo que han escuchado en casa, y en ocasiones con el mismo apasionamiento —y lamentablemente falta de tino— de padres y abuelos. Claro, educar para la vida social también significa que ellos tengan sus propias opiniones y que al mismo tiempo respeten las opiniones de los demás, que aprendan a ponerse en el lugar de los otros sin perder su propio criterio o sus convicciones.

Vida familiar: este es uno de los mayores baluartes de cualquier ser humano. Es tan fuerte el mundo familiar en el ámbito educativo que basta con hacer un pequeño análisis: si educar es educar para la felicidad y si la familia es ámbito natural de educación… el mejor lugar para preparar a las personas para la vida feliz es la familia. La vida de familia logra incluso suplir la ausencia de un ser querido. Algunos seres humanos que han tenido la desdicha de perder a uno de los padres a temprana edad, son hijos de madres solteras o hijos de padres divorciados, crecen sin ningún problema emocional e incluso a veces más fuertes que hijos de hogares sin esta situación, porque tienen una imagen paterna que suple esta carencia: un tío, un abuelo, un padrastro, un hermano fuera de serie; lo importante es cómo ese núcleo familiar va afianzando los valores sobre una educación sólida. Entonces, para fomentar la vida de familia, al igual que con el ejemplo del orden, lo hago a través de cosas simples. Comemos juntos, no existe la posibilidad de que alguien coma en su cuarto, otros en la televisión y los demás en el comedor. Tratamos de hacerlo tan frecuente como sea posible. Comer juntos no solo implica la práctica de esas "buenas costumbres" de las que hablamos anteriormente, sino de unión y de ejemplo. Observan cómo come papá, escuchan las historias de sus hermanos, ellos a la vez se expresan y hablan de sus temas. Le hacemos sentir a cada miembro de la familia que es importante, damos ejemplo al comer lo que no nos gusta, al comer bien, al pedir perdón, al dar las gracias, y después de la comida viene la más espectacular de las prácticas que pueda tener un hogar: quedarse conversando un rato en la sobremesa. Eso nos acerca, es más natural, resulta una buena oportunidad para conocerlos y escuchar sus problemas. Ya mencioné antes que no me importaba romper algunas reglas, y debo confesar que más de una vez en casa lo hacemos con gusto. Si hay un buen partido de fútbol o una película que todos quieren ver, pues entonces comemos todos en la sala de televisión, ayudamos todos a recoger y a lavar los platos, y compartimos en familia, sin que se vuelva una costumbre. Hacerlo todos los días no está bien, porque se pierde la conversación, el respeto y las buenas maneras. No debe haber televisión en los cuartos porque se pierde una oportunidad de compartir, de cuidar lo que se ve y de tener orden en los horarios. Para eso nos toca ceder a todos. Papá quiere ver las noticias y lo acompañamos, pero él también se sienta a ver el concierto del grupo de moda o por centésima vez la película de dibujos animados que la más pequeña se sabe de memoria, pero compartiendo en armonía, con simpatía, con buen talante. No hay nada más bello que una familia que es capaz de conseguir estos espacios. Ayudarse unos a otros, respetar esos pequeños momentos que todos necesitamos, cuidarse en una enfermedad, celebrar los cumpleaños, fomentar (esta parte que sigue va en mayúsculas, negrita y todas las otras formas de resaltar que existan) abrazos, besos, gestos de ternura, detalles de cariño y muchos, muchos, muchos te quiero y te amo.

Vida de amistad: cuando están muy pequeños todavía no tienen claro el tema de la amistad; este se va despejando un poco cuando tienen hermanos, pero comienzan a afianzar ciertos lazos de simpatía con algunos compañeros y observan nuestro comportamiento con amistades. La lealtad es uno de los últimos períodos sensitivos que se desarrolla en el ser humano (los períodos sensitivos son edades donde es más fácil trabajar determinado hábito, desde la música hasta la obediencia, conviene conocerlos para no desgastarnos), pero la relación con los demás está presente en todas las edades, y empezar a fomentar el respeto, la tolerancia y la caridad, será siempre una buena forma de lograr comportamientos positivos en el futuro. Que nos vean ser buenos amigos, que ayudamos a los demás, que no hacemos malos comentarios de otros, los va formando en esta parte tan importante del respeto y la tolerancia. También está el otro lado de la moneda: observan que aunque tenemos amigos, ellos no están por encima de la familia; que compartimos con nuestras amistades pero siempre existe tiempo para los hijos y el esposo o la esposa. Nosotros mismos debemos mostrar interés por sus amiguitos y amiguitas; esto les hace entender que esa es una parte importante de sus vidas. Si queremos que nuestros hijos tengan buenas amistades, debemos relacionarnos con familias que compartan más o menos nuestros criterios educativos y formativos. Conocer a los padres de los amigos de nuestros hijos es un buen comienzo que después será crucial en la adolescencia.

Vida económica: ¿qué papá no quisiera darle todo a sus hijos? Pero no es bueno que los niños se sientan el centro del universo; deben aprender que se debe esperar, que las cosas se valoran más cuando cuestan, que existen personas que tienen mucho, pero hay otras que tienen poco o nada.

Fomentar la caridad desde pequeños es una virtud que suele durar toda la vida, pero no solo ceder cosas que ya no usen o ropa que no les queda; la verdadera virtud está en sacrificar una parte del regalo de navidad o de cumpleaños. No comprar el auto que quería sino uno de un precio inferior y con el dinero restante comprarle un juguete al hijo de la empleada, por ejemplo, y que él mismo lo entregue, será una de las mayores lecciones que los niños puedan recibir. Visitar eventualmente un enfermo, un hospicio de ancianos o una escuela de pocos recursos y llevarles algo, aunque sea alegría, porque a veces vale más una canción que preparan a un regalo, es más formativo que todo un curso o un año de presión y castigos. He visto cómo muchos chicos y chicas rebeldes reaccionan positivamente después de hacer con ellos algún tipo de labor social. Insisto, nada de esto funciona sino ven en sus padres austeridad, ahorro, disciplina y que también realizan pequeños sacrificios. Aprender a vivir la pobreza significa que cada cual, de acuerdo a sus ingresos, capacidades y necesidades puede abstenerse de ciertas cosas. A los hijos, aunque estén pequeños, también les forma muchísimo el que papá y mamá los sienten y les cuenten que están pasando por una difícil situación económica y que van a tener que prescindir de ciertas cosas o a restringir algunos gastos. Los niños aprenden rápidamente que tomar medidas de emergencia no es malo y que la vida no se acaba porque la economía no funciona como quisiéramos. Pero esto debe ir acompañado de una buena actitud. Dejamos de ir a un restaurante o cancelamos el viaje de fin de semana porque papá no tiene dinero, y esa noche nos quedamos en casa, jugamos un juego de mesa, vemos una película, hacemos chistes, comemos unas salchichas o hacemos una noche de historias, de teatro y disfraces: "al mal tiempo buena cara"; ¿han escuchado? No es necesario gastar, basta con ser creativos, pero si los acostumbramos a que la única manera de divertirnos sea gastando, entonces sí que tendremos problemas. Hagan el experimento sin necesidad de esperar una situación difícil, estos momentos de diversión improvisada se vuelven inolvidables. Es bueno también que los niños tengan contacto con el dinero, algunas veces les dan dinero por los cumpleaños o nosotros mismos podemos darles algo para ver cómo reaccionan, qué hacen con él, si lo despilfarran o tienden a guardarlo con excesivo recelo. Son pequeñas situaciones que me pueden dar ideas sobre cómo orientar el asunto con cada uno. Hacer presupuestos con ellos para un viaje, que nos ayuden con las cuentas y los gastos, que sepan que debemos ahorrar en ciertas cosas para poder realizar otros gastos extraordinarios; hacer la lista de compras, o que en el supermercado comparen precios entre productos; en fin, les garantizo que para ellos será un juego y estarán encantados de ayudar, pero la lección que les estaremos dando será invaluable.

Vida de trabajo: está claro que somos un referente para nuestros hijos y nos están observando todo el tiempo. Sin darnos cuenta, en ocasiones vendemos la idea de que el trabajo es algo terrible que quisiéramos sacar de nuestras vidas. Frases como "odio mi trabajo" o "si no fuera por las obligaciones, renunciaría" les van convenciendo de que trabajar es una desgracia. Dentro de lo normal, porque es natural que en ocasiones nos desmotivemos o nos cansemos más que otros días, debemos venderles la idea de que el trabajo es una bendición, de que nos gusta lo que hacemos y por eso lo realizamos apasionadamente. Llevarlos a la oficina cuando sea posible y hablarles de lo que hacemos es más formativo de lo que parece. Siempre me ha dado curiosidad cuando los niños no saben en qué trabajan sus padres, pues pienso en la poca comunicación familiar que debe existir, o en un papá que se avergüenza de su trabajo. Debo confesar que algunas respuestas son muy graciosas. "¿Qué hace tu mami? No sé, trabaja de noche". Después supe que trabajaba en un *callcenter*. A los niños no les importa qué seamos o qué hagamos; igual se van a sentir orgullosos.

Vida espiritual: tener una religión y practicarla ayuda mucho en temas educativos, porque da un sentido trascendente. Comienza desde los primeros años. Mamá y papá realizan muestras de piedad sin exageraciones, muestran coherencia entre lo que practican y predican y van fomentando estas pequeñas cosas en los niños con simpleza, sin cargarlos demasiado. Pequeñas oraciones antes de dormir son suficientes para ir comenzando. Todavía recuerdo la "oración al Ángel de la Guarda" que me enseñaron de pequeño, algo simple, hermoso y cargado de espiritualidad. Ir a la Misa los domingos y portarse bien, es otro comienzo importante; en casa es usual que recemos el Santo Rosario cuando vamos de viaje. No es obligatorio, pero pedimos excusas para quitar la música y rezamos. Hemos comprobado cómo se van uniendo a esta práctica de manera voluntaria. A veces quieren ellas dirigir el rezo, otras se quedan en silencio y miran distraídas el paisaje, pero poco a poco se interesan y participan al menos en una parte. Hacerlo obligatorio sería fatal, sobre todo en estos temas que pueden ser voluntarios. También hemos tenido ocasiones en las que piden permiso para ponerse los audífonos y lo respetamos, lo importante es que manifestó su deseo y lo hizo de buena manera: "¿Te molesta que escuche música en el iPod mientras ustedes rezan?", esto es preferible a que refunfuñe o nos mienta moviendo la boca; esto se puede pasar por alto, porque la fe es un don que se tiene que desear. No hay excusa para no ir a Misa el domingo, porque así lo decidieron papá y mamá, pero se puede ceder en otros temas sin hacer imposiciones que no conducen a nada y en la adolescencia se convierten en rechazo absoluto. Preparar para la vida honesta y feliz es vivir conforme a la virtud, ya los griegos hablaban de formar al sabio de esta manera. Podríamos agrupar todo lo anterior en unos pocos temas formativos:

Los buenos ejemplos, reducir las necesidades del cuerpo, el orden en la propia vida, las buenas lecturas, las buenas amistades, la formación del carácter por medio de la exigencia y formar en el respeto por la vida, desde la concepción hasta la vejez. ¿Pero cómo emprender el camino? A través de pequeñas normas de salud, seguridad, higiene, eficacia, economía, estética, justicia, verdad… ¡en la templanza! ¡con el ejemplo!

Según la filosofía, la templanza es una virtud que inclina el apetito concupiscible (la comida y el sexo) a moderar los placeres, sometiéndolos a la recta razón. Se convierte por lo tanto en un pilar de la educación, pues es absolutamente necesaria para regular el deseo. No se puede concebir la comida o el sexo como algo nocivo o pecaminoso, por el contrario, son privilegios de los seres humanos. Está bien que sintamos placer en el comer, en el beber, en la intimidad de los esposos, pero estos placeres deben estar regulados por la recta razón. El desorden del apetito concupiscible degenera en gula o lujuria; su orden genera templanza.

Preguntémonos entonces si estamos educando a nuestros hijos en la templanza, porque a lo mejor están muy pequeños para hablarles de sexo —en realidad cualquier edad es buena para hablar de sexo si se presenta una situación definida, adaptando el discurso a la edad—, pero ¿no será un principio comenzar a hablar del pudor? ¿Y de la comida, qué me dicen? Insistir en que se coman lo que les servimos será un ejemplo para ir apuntando hacia objetivos más altos, porque si no logramos templanza para que se tomen por lo menos la sopa, ¿qué va a pasar cuando tengan problemas con la fidelidad? Claro que es mejor una gran hamburguesa o un pedazo de pizza que la comida casera, nutritiva y balanceada, pero no tenemos que hacerlo siempre solo por complacerlos, pues cuando estén fuera de casa tendrán grandes problemas para alimentarse. El aire acondicionado es una maravilla en algunos climas de nuestros países, nadie lo niega, pero no pasa nada con soportar un poco de calor. El sufrimiento tiene un propósito: edificarnos, ayudarnos a soportar cosas más graves, a superar nuestras debilidades. Nadie quiere que los hijos sufran, pero estas pequeñas mortificaciones no matan a nadie, tampoco los dejan sicológicamente afectados, solo sirven para hacerlos mejores. Sin embargo, no solo se trata de sufrir, la templanza debe alimentarse de motivos, no de aguantes —la templanza de la admiración—, igual que con el tema de la voluntad: no me aguanto sino que amo mi vida, mi vida recta, la que he escogido porque quiero. ¿Estamos educando en la templanza? Hace poco leía un *e—mail* en el que alguien se quejaba de la mala madre que había tenido. Era tan mala que lo obligaba a comer verduras, en vez de la comida chatarra que ingerían los otros niños; lo hacía acostar temprano, cuando los otros niños jugaban hasta altas horas de la madrugada; lo torturaba con un baño antes de acostarse, mientras sus amigos se iban a la cama sucios, sudorosos; cuando estaba adolescente y quería salir con sus amigos, la mala madre no permitía que lo llamaran desde afuera con la bocina, hacía entrar a sus amigos para conocerlos, saber quiénes eran, adónde iban, si estaban tomando, en fin. Ojalá todos fuéramos tan malos padres como la señora de la historia. Nuestros hijos necesitan templanza, pues las mortificaciones pequeñas les ahorrarán grandes sufrimientos en el mañana, donde tendrán que lamentar sin remedio, por no haber tenido padres con tanto, tanto amor, que no dudaron en ser firmes. Terminando con este asunto solo me queda un interrogante: ¿somos un modelo a seguir? También somos artífices del prestigio de nuestro cónyuge, cuando decimos "no sabes cuánto admiro a mami, es una gran mujer" o mamá les dice que tienen al mejor papá del mundo, porque es un hombre trabajador y honesto.

Hoy en día se le quiere llamar cultura a cualquier expresión que tenga un poco de relevancia (rebeldía, faltas de pudor, expresiones burdas o antiestéticas, originalidades para llamar la atención, pornografía, modas informales), y con este concepto, en medio de un ambiente mediático, empiezan a crecer nuestros hijos. Hace algunos años era impensable llegar a la casa con un tatuaje, porque nuestros padres nos hubieran dicho que de ninguna manera era arte y que ese tipo de cosas solo las tenían delincuentes y marineros, pero hoy es algo común y socialmente aceptado. Debo reconocer que algunos tatuajes son verdaderas obras de arte y que en algunas personas se ven muy bonitos. Los *piercing* me cuestan un poco más, pero me parecen aceptables y hasta simpáticos, cuando no son en lugares inapropiados, como la lengua o los labios; confieso que no logro entender algunos géneros musicales, algunas letras de canciones me parecen obscenas y otras ridículas, pero lo dejo al gusto de los demás, lo que no soporto es cuando en una fiesta de cumpleaños, los niños y niñas de cuatro o cinco años bailan "perreo" y los padres los filman fascinados de su precocidad. Son cuestiones de sentido común más que de criterio, pero me parece que estamos perdiendo el sentido de la estética, y que con la explosión de información *light* e intrascendente, debemos fomentar el buen gusto y el criticismo en nuestros hijos, para que no se dejen llevar por las modas o al menos por sus extremos. Hace poco me estaba chequeando en un aeropuerto y se acercó una chica joven a pedir información. Lo primero que me llamó la atención de su rostro era la cantidad de *piercings* que tenía, al menos diez; luego sus brazos y hombros totalmente tatuados, como un *sweater*; no suelo ser atrevido y por lo general evito las conversaciones espontáneas en los sitios públicos porque prefiero dedicarme a leer, pero mi curiosidad pudo más cuando observé que de su boca salía una lengua dividida en dos. Mientras la señora de la aerolínea buscaba información en la pantalla, le pedí excusas a la joven y le dije que no había podido evitar ver su lengua. Ella sonrió y me enseñó su lengua de serpiente, que todavía tenía algunos hilos quirúrgicos. "Es lengua bífida, me la acabo de hacer". Era una chica joven y seguramente hermosa, yo sonreí, imagino que con cara de estúpido y pensé en que en algún lado del mundo debía estar su familia ignorando lo que se había hecho. Respeto mucho este tipo de inclinaciones, pero me molestan los excesos. Entiendo un tatuaje, dos, o tres, pero no concibo que alguien se tape por completo su piel; igual con los aretes, los cortes de pelo y en fin, tantas cosas que nos hacen sentirnos viejos en este mundo, pero que a la vez me convencen de que en algún momento algo pasó con el sentido de la estética. Por supuesto que los hijos no tienen por qué pensar como nosotros, pero es importante comenzar a trabajar estos aspectos con ellos, para que, si más adelante deciden hacerlo, por lo menos tengan en cuenta las consecuencias que pueden enfrentar, pues pueden causarle un daño permanente al cuerpo, enfrentar una infección o tener problemas a la hora de conseguir trabajo. En las charlas que doy en los colegios me da muy buen resultado enseñarles algunas fotos grotescas de infecciones causadas por *piercings*, personas que han cubierto su piel de argollas y dibujos, o los que se implantan prótesis en la frente, espalda, nariz, orejas y dientes para cambiar su aspecto humano por uno más "llamativo". Claro, para poder tocar estos temas con ellos es necesario ser muy respetuosos con sus creencias, no ridiculizarlos ni dejarlos sin fundamento con tan solo comenzar la conversación, pues en muchos casos —y esto puede llegar a sorprendernos— les causa admiración; si ya están más grandes podemos pedirles que al menos sean moderados, que busquen un lugar seguro donde no contraigan una enfermedad, que tengan la delicadeza de consultar en casa antes de hacerlo, y bueno, siempre pensar en que el cuerpo cambia y que a lo mejor con los años la mariposa o lo que sea ya no se verá tan bonita sobre un lienzo arrugado y envejecido. Insisto, siempre en buen tono, con argumentos, sin perder la cabeza, más bien manteniendo la simpatía, aunque a veces cueste.

Pero existe un mejor camino y es adelantarnos a trabajar estos temas desde pequeños, sin desvirtuar ni criticar, porque hasta los más pequeños podrían movernos el piso con sus opiniones. La única solución es fomentar el buen sentido de la estética, el buen gusto. Las modas actuales son pasajeras, los géneros artísticos cambian constantemente y caen con facilidad en el mal gusto y el facilismo; comenzar con lo clásico es una buena manera de enseñarles que de ahí parte todo, que para romper los esquemas se deben manejar las bases; incluso músicos de *rock* pesado como los integrantes de Metallica tienen formación de conservatorio; ese es un buen punto de partida, pero sin obligarlos, sin menospreciar lo que ellos admiran. Visitar museos sin cansarlos, buscar alternativas de arte que les llame la atención, incluso la literatura, es un pretexto para engancharlos. Alguna vez logré interesar a un grupo de adolescentes en *El Quijote* con una banda llamada Mago de Oz, que hace referencia a algunos capítulos de la obra de Cervantes; ver la película *Gladiador* sirve de pretexto para hablar del Arte Romano, o el filme *300* para hablar de Esparta; se necesita ingenio, constancia, pero tiene que ser divertido; juegos de cultura general sirven para unir a la familia y al mismo tiempo para aprender; con el tiempo esto irá moldeando al individuo. Las personas que han cultivado su interioridad son las que tienen capacidad para captar valores, pero cuando la sociedad relativista minimiza los compromisos del hombre en aras de su propia "libertad", también le da un pasaporte para que se pasee "sin comprometerse" por todas las manifestaciones sociales, con una actitud irresponsable de aprobación y apertura. El no querer mirar lo que está mal es un peligro para la propia estabilidad personal. La misma naturaleza humana tiene una capacidad para asimilar los valores que la embellecen. Nacemos con un sentido natural orientado hacia el bien y es el mismo hombre, con la formación que recibe, el que pone el esfuerzo para profundizar en lo más valioso. Hay una suerte de identificación con los valores que se nota en una elevación de la persona culta. Automáticamente la persona se convierte en un buen transmisor de los valores que ha recibido. Con los valores se produce un embellecimiento de la persona, se percibe algo grato, atractivo, que convence.

La tradición encierra muchos valores que las futuras generaciones irán descubriendo y reconociendo con la educación. Los valores más grandes y trascendentales se transmiten de familia en familia, de generación en generación, se valora mucho lo que nos enseñaron nuestros padres y abuelos. Las historias de familia, cómo se conocieron mamá y papá, anécdotas de los mismos hijos cuando estaban pequeños suelen encantarles y sin darse cuenta van aprendiendo y aprehendiendo de sus ancestros, algo que cada vez se pierde más. Existen maneras más simples de transmitir cultura y es fomentar la capacidad de asombro. El contacto con la naturaleza es un redescubrimiento constante; admirar un amanecer o un atardecer, descubrir formas en las nubes o seguir de cerca un insecto con un lente de aumento los hace más sensibles. Moldear figuras con barro, lanzarse a realizar una pintura o inventar un cuento para leerlo luego en familia no solo será un ejercicio, se convertirá en una manera distinta de pasar el tiempo (el buen uso del tiempo libre, otro tema fundamental), sin tener que estar en la computadora o con un juego de video. Las actividades artísticas son un complemento importante en la formación de la etapa infantil. No deben verse como actividades de segundo orden o improvisadas, deben tener sus propios horarios y establecer las cosas de tal modo que no se pierda tiempo. Sobre todo, debe parecer un juego. Si la cultura se vuelve estudio… fracasaremos.

De ninguna manera quiero que piensen en este tema como una pelea perdida. Es un hecho que la tecnología bien utilizada, con conocimiento y responsabilidad, es una herramienta al servicio del hombre. El futuro que nos presentaban las películas de ciencia ficción ya está encima y nuestros hijos están preparados para ello; que es un peligro, que es la perdición de la sociedad, que los chicos de antes jugábamos más al aire libre y los de ahora están inmersos en una pantalla… puede ser, depende del punto de vista, pero la realidad es que no podemos dar marcha atrás y decir con orgullo que en nuestra casa no hay internet, televisión por cable o teléfonos celulares podría ser un acto de valentía que alejaría a nuestros hijos de la realidad. Lo que quiero decir es que nuestros hijos nacieron en medio de un mundo de redes sociales, internet, mecanismos electrónicos y pantallas digitales, y nuestro deber como padres no es ahuyentarlos, ni prohibirles y mucho menos privarlos de estas condiciones; nuestra obligación es educar también para el uso de la tecnología, y para poder hacerlo debemos formarnos también.

Las redes sociales y todos los aparatos con los que convivimos en la actualidad deben estar destinados a mejorar nuestra comunicación, a facilitar el contacto con personas que no están cerca, a tener acceso a documentos o imágenes que antes estaban relegadas a unos pocos, pero su mal uso o abuso podría generar un resultado nefasto. Algunos recordamos con romanticismo cuando escribíamos cartas extensas que debíamos poner en el correo; o cuando enviábamos telegramas cifrados, sin artículos ni preposiciones para que costaran menos, esto les divierte mucho a los chicos; para un escritor, parece inconcebible recordar que las primeras novelas las escribíamos en una máquina de escribir, obsoleta y primaria, pero que para entonces era el gran adelanto de la humanidad y el uso del teléfono se limitaba al de la casa, y en la calle, a los públicos, que funcionaban con una monedita; pero así sobrevivíamos y a nadie le parecía raro. Hoy en día me he sorprendido dando vuelta en el auto porque dejé el celular en casa y es inconcebible pasar el día "incomunicado". Para nosotros es asunto de reflexión, a pesar de que pertenecemos a una generación que se ha ido adaptando a los cambios —con dificultad—, pero para nuestros hijos es normal. Los coches de bebés traen aditamentos para colocar un celular o una *tablet* y con tan solo meses de nacidos ya tienen el reflejo de pasar con el índice la pantalla. Esto los ha hecho mejores, indudablemente, pero al mismo tiempo los ha convertido en una generación más susceptible a los problemas emocionales. Veamos entonces cuáles son los pros y los contras que debemos enfrentar y cómo prepararnos para acompañar a nuestros hijos también en las redes.

Algunas de las redes sociales más usadas en la actualidad son *Facebook, Twitter, MySpace, Ning, Tagged, MyYearbook, Meetup, Bebo, Multiply, Orkut, Skyrock, Badoo, StumbleUpon, Delicious, Foursquare, MyOpera, Kiwibox, Hi5, Habo, Youtube, Sofsonic, Instagram,* y seguramente muchísimas más que nuestros hijos adolescentes añadirán a la lista sin problemas. Son ellos quienes más las utilizan, pero son usadas también en el mundo empresarial como un método muy efectivo de *marketing*, desde personalidades de la farándula hasta políticos divulgan ideas, situaciones y estados de ánimo y las familias que están separadas por la distancia comparten nacimientos, viajes y acontecimientos que hace un par de décadas se transmitían por carta y una que otra foto.

Algunas son más usadas en determinadas regiones y otras pasan de moda, el problema es que las restricciones y seguridades que ofrecen dependen de cada fabricante o distribuidor y esta es la letra pequeña que se nos olvida leer y que la mayoría de las veces nuestros hijos pasan por alto. Temas como la edad —algunas de las más usadas tienen restricciones de este tipo, pero quien abre la cuenta tiene libertad para mentir—, otras claramente especifican que no se permiten contenidos sexuales explícitos o están en contra del acoso. ¿Entonces por qué tanto miedo? Todo lo que no se sabe usar adecuadamente puede resultar nocivo para el ser humano, no solo para los jóvenes, también para los adultos: una máquina, un auto, la Internet, las redes sociales y hasta el microondas, y en casos de tecnología, los padres resultamos tremendamente ignorantes, sobre todo de las consecuencias que esto puede traer.

No quiero satanizar el uso de la Internet, al contrario, la humanidad cuenta con la biblioteca más grande que jamás se había podido soñar, y basta con tener un *Smartphone* para acceder a ella. Sin embargo, debemos ser conscientes de que la información a la que tenemos acceso se está duplicando en cuestión de días, y que la única forma de filtrar esa información, buena y mala, es desarrollando el sentido común, usando el criterio. Entonces veamos puntualmente a qué debemos temer.

Yo diría que lo más sencillo y común es la desinformación. Los chicos pueden llegar a creer que todo lo que dice la Internet es verdad y cuando discutimos lo utilizan como un argumento fehaciente, incuestionable: "Lo googlié". Y así pasan desde noticas falsas sobre el fin del mundo hasta apariciones de extraterrestres en el Vaticano. Lo primero es fomentarles el criticismo, que sospechen de lo que se dice hasta no confirmarlo. Una noticia debe verificarse al menos con tres fuentes, porque no todo lo que se dice es verdad. Existen páginas o buscadores más confiables que otros, instalar estos en la computadora y verificar si la fuente es conocida. Las universidades cuentan hoy en día con bases de datos extensas y abiertas al público, esa sería una fuente confiable, como muchas otras. Cuando aparezcan estos temas, un buen ejercicio es sentarnos con ellos y buscar; da buenos resultados, compartimos tiempo y respetamos sus opiniones, debatiendo con argumentos. Claro, existe también información insulsa, a la que básicamente no le dedicamos tiempo, porque es inofensiva.

Uno de los temas que hay que trabajar es hacerles comprender que no hay necesidad de ventilar la vida privada o los estados de ánimo con todo el mundo. Es sorprendente leer las frases que publican incluso los adultos, exponiendo sus sentimientos y situaciones con cualquiera que vea la página o que tenga acceso a su perfil. Pero otros temas también van de la mano con este punto, como fotos demasiado íntimas para ser publicadas. Después de las vacaciones, me sorprende ver las imágenes de perfil de chicas jóvenes enseñando su cuerpo en pequeños trajes de baño. Una foto puede ser usada con muchos fines y por muchas personas y nunca sabemos quién está al otro lado de la pantalla. La pornografía infantil sigue en ascenso y las cifras son terroríficas. Explicarles cuáles son los riesgos, con quién comparten una foto, cuál es el motivo para hacerlo, en fin. Esto va de la mano con las restricciones de acceso que ponen para ver sus fotos. Hagan el experimento de ver a cuántas cuentas de personas que no conocen pueden acceder y qué tipo de fotos se publican; esto les dará una idea. Claro, revisar a quiénes tienen nuestros hijos de "amigos" y verificar los temas de seguridad es importante. Esto no atenta contra su privacidad y, si lo hiciera, estoy en todo mi derecho, pues se trata de cuidar el mayor tesoro que tengo. Es importante que nosotros también compartamos las redes sociales con ellos, es la mejor forma de estar cerca, pero al mismo tiempo informarnos. Algunas de ellas son inseguras y se prestan para abusar de otros o fomentar imágenes y videos inapropiados.

La pornografía es otro aspecto que debemos cuidar, pues causa daños emocionales y conductuales irreversibles. Que tengan curiosidad, sobre todo en la pubertad y en la adolescencia es normal, no es cuestión de alarmarse más de la cuenta; pero los chicos y chicas que frecuentan la pornografía se vuelven más agresivos, presentan conductas más egoístas y en la adultez no pueden tener una relación estable y feliz. En nuestra época también había pornografía, por supuesto, pero jamás con la facilidad con la que hoy en día se tiene acceso. Tener buenos filtros en casa es de mucha ayuda; algunos son gratis y otros a precios muy manejables, pero es una necesidad de cada hogar, como tener cerradura en la puerta de entrada, algo necesario. Tener la computadora sin filtros es un acto irresponsable e inseguro, para nosotros y nuestros hijos. Con los teléfonos es más complicado, se pueden restringir los megas para que solo usen las redes de comunicación, pero van a encontrar WiFi en muchos lugares públicos, así que la única manera es darles el teléfono cuando estén más grandes —no existe una edad definida, debemos medirlo en la madurez y responsabilidad que demuestren, pero me lanzaría a decirles que después de los 11 años—; a veces veo chicos o chicas muy pequeños con teléfonos de alta tecnología y los padres me responden que es por su seguridad, pero en realidad para lo que menos lo usan es para llamar, así que tendríamos que cuestionarnos nosotros mismos. Formarles un criterio es la mayor ayuda, que ellos sepan qué es lo que les hace daño y qué deben evitar será la única manera de protegerlos. La computadora en un lugar visible de la casa, por donde transiten todos, ayuda a cuidarnos; no tener televisores en los cuartos y restringir el uso de aparatos a la hora de dormir ayudará en el propósito. Al principio les va a molestar y nos dirán que somos malos, pero es preferible ser los "tiranos" de la historia a lamentarnos por un problema mayor, al fin de cuentas la educación es un acto de amor que nos aleja de la popularidad. Conozco casas donde los teléfonos se dejan en una mesa fuera de las habitaciones, otras donde apagan la señal de internet a cierta hora. En fin, en cada casa, con imaginación, con razones y reglas claras y coherentes se define cómo hacerlo. Nosotros debemos demostrar que también lo cumplimos y que no usamos los teléfonos durante la cena o cuando estamos conversando en familia. Si nosotros participamos de las reglas, será mucho más fácil hacerlas cumplir.

Tener respeto y cuidado con lo que se dice en las redes sociales también es fundamental. El *cyberbullying* es un delito tipificado por la ley en la mayoría de los países, pero los casos que han sucedido y que están bien documentados, también nos demuestran que la ley no es suficiente cuando los padres no están en casa o no están enterados de lo que hacen los hijos. El *cyberbullying* se define como el acoso psicológico a través de medios con acceso a Internet, como consolas de videojuegos, celulares, computadoras, etc., entre iguales – si hay algún adulto de por medio ya es acoso y tiene otro tipo de penalidad– y se da cuando uno o varios menores se burlan, difaman, amenazan, humillan o molestan a otro. Aunque el *bullying* parte de la misma causa —abusar de otro menor— el *ciberbullying* atiende a otras causas y el ataque y las consecuencias tan bien difieren, llegando a ser incluso más grave, pues cuando existe maltrato físico se puede ver la reacción directa de la víctima, se exponen a ser vistos o a que la víctima se defienda; pero a través de una red existe anonimato, pueden ocultar la identidad, no hay enfrentamiento directo, así que los débiles también pueden abusar, no hay percepción real del daño y pueden participar muchas más personas, de manera activa o pasiva.

En 2006, apareció la noticia del suicidio de Megan Meier, de 13 años, como consecuencia de una relación a través de las redes con Josh, de 16 años. Josh era un perfil falso creado por la mamá de una vecina, como venganza por el desprecio a que era sometida su hija por Megan y sus amigas. En el transcurso de un mes, el supuesto chico, con fotos y perfil falso, le pidió a Megan que fueran amigos, hasta que finalmente le dijo que el mundo sería un mejor lugar sin ella. Podemos opinar muchas cosas al respecto, como dónde estaban los padres, pero había un adulto de por medio; puedo pensar que "mi hija es fuerte, no se dejaría", pero ellos viven otra realidad, para nuestros hijos es importante la vida social, sus relaciones y códigos, y algunos tienen un carácter más susceptible. Quizá lo único viable hubiese sido el diálogo constante, saber qué le estaba pasando, subirle la autoestima. También existe, seguramente entre muchos, el caso de Amanda Todd, una adolescente canadiense que antes de suicidarse publicó un video (puede ser visto en la Internet) donde habla del chantaje y acoso del que fue víctima durante largo tiempo, porque a través de un *videochat* fue convencida de que enseñara sus senos. La otra persona publicó la foto y Amanda perdió la paz, hasta acabar matándose. Estos casos nos sirven para abordar los temas; no podemos pensar en que nuestros hijos no serían víctimas o jamás lo harían. También debemos insistir en que ser pasivo es ser cómplice, que es algo dañino y que no todo el mundo lo asimila igual.

Si mi hijo es quien realiza el acoso, debo hablarle de las consecuencias y apoyar al colegio si decide imponer una sanción; da muy buenos resultados el que realice alguna labor social, se logra más con la reflexión que con la violencia, hablarle de que existen consecuencias legales, del terrible daño que le puede causar a alguien. Si mi hijo es víctima, es fundamental hablar en familia del asunto, ayudarle a buscar una solución, jamás animarlo a que recurra a la violencia, porque puede ser peor; finalmente recurrir al colegio o escuela en busca de ayuda. La mejor solución es salirse de la red social, pero algunas veces los siguen asediando por otros medios. Lo importante es que nosotros, como padres, no minimicemos el asunto o nos comparemos con ellos, no ayuda en nada decirle "cuando yo tenía tu edad" porque somos diferentes y las circunstancias cambian.

Así que debemos verlo más como un reto, pues para los padres resulta tedioso, incomprensible y hasta ridículo muchas veces el sentarse frente a la pantalla a "chatear" con alguien lejano, cuando es más fácil marcarle desde el teléfono. La mayoría de los adultos no manejamos bien este tipo de aplicaciones tecnológicas y este desconocimiento genera tedio, incapacidad y un uso torpe, obsoleto y limitado. Debemos dejar atrás los romanticismos "yo prefiero el contacto personal, todavía recuerdo las cartas manuscritas, sigo con el olor del papel de un libro" pues para nuestros hijos estas limitaciones no existen. Ellos nacieron en la época digital, leen sin problemas un libro en el celular, tienen amigos por todo el mundo y se expresan muy bien con íconos gestuales y códigos simples que para nosotros son incomprensibles.

Los videojuegos más populares se juegan en red; nuestros hijos se pueden comunicar con sus amigos o con cualquiera que esté conectado en cualquier parte del mundo y competir. Algunos de ellos son adultos, de hecho, la mayoría de los videojuegos en línea están diseñados para adultos entre 25 y 35 años, pues te venden armas, accesorios y vidas a las que solo se accede con una tarjeta de crédito o intercambiando objetos a través de las redes sociales. Es muy común escuchar palabras soeces y trato violento, así que también conviene estar pendiente, pues es una ventana abierta y muy peligrosa. También es preocupante que algunos de estos videojuegos promueven antivalores y los chicos van perdiendo una visión correcta de la realidad. La violencia llega a tales límites, que cortas dedos, decapitas contrincantes, y si asesinas enfermeras, ancianas o atropellas con el auto a una mamá que va con un coche de bebé, te dan más puntos, un bono extra por asesinar inocentes. Está claro que es un juego, pero expertos demuestran que quienes los practican en exceso tienden más a la violencia. ¿Quiénes lo usan? Adultos, niños y adolescentes. ¿Quiénes los compran? Los adultos, algunos de ellos padres de familia complacientes.

Entonces debemos prepararnos, porque una condición es estar cerca de nuestros hijos para protegerlos; prohibirles el uso de las redes está mal, pero dejarlos a sus anchas sin ningún control es lo peor que podamos hacer. Insisto en algunos consejos puntuales:

1. Prepararnos en el uso de las redes más comunes: *Facebook, twitter, youtube, instagram*. Esto implica conocer las políticas, los bloqueos a externos y tener una cuenta propia; de esta manera hablaremos el mismo lenguaje y veremos lo que publican nuestros hijos y sus conocidos. Es una condición que nos acepten como "amigos" y nos den facilidades de acceso.

2. Tener las computadoras, televisores y demás aparatos con acceso a Internet en lugares visibles (también es bueno para nosotros) y controlar los horarios en el uso de los celulares. No olvidar

que el ejemplo no es una forma de educar: ¡es la única!

3. Tener un buen filtro de Internet. Puede ser que vuelva un poco lenta la navegación, pero es por el bien de todos.

Finalmente no hay que olvidar que educamos para la libertad. Debemos ayudar a nuestros hijos a desarrollar la voluntad, a cambiar la página cuando no es apropiada y a evitar lo que se considera nocivo, pero sobre todo, a entender que las redes sociales pueden ser una herramienta y hasta un divertimento, pero que requieren responsabilidad y cuidado, pues no solamente les pueden hacer un daño moral y psicológico irreparable, sino que pueden alterar para siempre su personalidad.

He escuchado frases como "hijos… ni loco" o "tus problemas son equivalentes al número de hijos que tengas", en fin, un sinnúmero de teorías pesimistas que hacen a los padres jóvenes o a los recién casados dudar de formar una familia numerosa, luminosa y alegre. No les voy a mentir diciéndoles que la crianza de los hijos es algo sencillo, que se puede tomar a la ligera, pero la verdad es que la mayoría de las veces nos angustiamos sin necesidad y muchos de los problemas que vivimos en el día a día son pasajeros.

He insistido en que educamos para que nuestros hijos tomen sus propias decisiones, buenas decisiones, y para que ellos mismos tracen ese sendero que los llevará a tomar las riendas de sus vidas. Por lo tanto, debemos estar claros en que las situaciones difíciles, más que un problema, representarán un reto. La manera en que solucionemos estos "impases" contribuirá a darnos espacios formativos, una oportunidad invaluable en el aprendizaje.

No podemos olvidar que muchas situaciones obedecen a las edades y etapas por las que pasan los chicos. Papá y mamá deben ponerse de acuerdo en temas como castigos, permisos, así como en los temas educativos en los que van a poner más empeño. Tener un Plan de Acción es una excelente estrategia para abordar situaciones donde deba trabajarse la voluntad.

El buen humor siempre es una excelente herramienta en el hogar. Que sepan que los amamos por encima de todo, pero que eso no quiere decir que no podamos enojarnos; sin embargo, explotar de manera excesiva o amenazar con castigos que no vamos a cumplir no ayuda en ningún caso. Volvernos cómplices, pensando en que debemos ser "amigos de los hijos", es la peor estrategia. Una cosa es compartir espacios con ellos, tener confianza, pero otra cosa es volvernos "amigotes". Los hijos necesitan padres, amigos ya irán encontrando.

Debemos entender también que el ser humano enfrenta serias complejidades a medida que va avanzando en su madurez emocional, así que berrinches, desobediencias o malos comportamientos, podrían ser asuntos normales y corregibles fácilmente, sin descartar el que sean síntomas de temas más serios, como la pérdida de un ser querido, la llegada de un hermanito o una dificultad entre papá y mamá. En estos casos es mejor buscar ayuda profesional y la mejor manera de detectarlos es cuando vemos que la situación se sale de nuestras manos o cuando estamos conscientes de que obedecen a factores externos.

Como decía al comienzo, no hay que alarmarse, todos los hijos son distintos; por muy bien que nos haya ido con uno, siempre existe la posibilidad de que tengamos líos con otros. Etapas difíciles como la adolescencia requieren de mucha paciencia; recordar que también pasamos por lo mismo ayuda a visualizar las cosas de manera diferente.

Comentar estos temas en pareja, buscar ayuda, asistir a centros de formación para padres, siempre son buenas alternativas, sin dejar de tener en cuenta que mientras exista un buen matrimonio, una buena comunicación y la presencia de papá y mamá, de manera constante y activa, en medio de un entorno de amor y alegría, cualquier problema se puede solucionar, por grave y complicado que parezca. Les cuento una pequeña historia que confirma que el amor es capaz de todo en la educación. Teníamos en el jardín de nuestra casa una exuberante buganvilla donde una pareja de tórtolas construyeron un nido. El comedor de la casa tenía un ventanal desde donde observábamos el ir y venir de estas aves todo el día y durante varios meses disfrutamos con el crecer de algunas generaciones de pichones. No sé decir si eran las mismas tórtolas o si el nido lo utilizaban otras parejas de la misma especie, el caso es que volvían a aparecer huevos y en familia disfrutábamos del proceso completo. Un día, el jardinero que iba un par de veces al mes, nos advirtió que la buganvilla se había llenado de pulgón y que debía fumigar para que la plaga no se extendiera por todo el jardín. Le prohibí hacerlo porque acababan de salir dos pichones del cascarón y además añadí que no me importaba que se secaran todas las plantas, que esperáramos a que dejaran el nido en un par de meses. Sin embargo él tuvo una iniciativa propia y quitó el nido con los pichones, lo ocultó dentro de la casa y fumigó a conciencia. Cuando llegué en la noche no pude ocultar mi molestia. Mis hijas que estaban por los tres y seis años se habían sacado fotos con los pichones en la mano, en la casita de la Barbie y en fin, los habían manipulado toda la mañana, además que dentro de mi escaso conocimiento de las aves, supuse que al haber quitado el nido de su lugar los abnegados padres lo abandonarían. Pero no tuve razón del todo. Uno de los pájaros estaba en el nido cuidando los polluelos como siempre. Al día siguiente encontramos una imagen conmovedora. Uno de los pichones estaba muerto en el piso —seguramente por el veneno— y supongo que la madre, nunca pude aprender a diferenciar el macho de la hembra, lo velaba con las alas abiertas en una postura de dolor, les prometo que no estoy exagerando. Días después advertí que estaba cuidando a la cría que quedaba. El pichón comenzó a crecer, pero notamos que algo raro le pasaba, porque no volaba y a pesar de su gran tamaño, era más gordo y grande que sus padres, todavía lo alimentaban en la boca. Sus paseos se limitaban a moverse un poco por las ramas y al llegar la noche se metía a la fuerza entre papá y mamá y se dormía. Mis hijas lo llamaban "el enfermito". Un día me sorprendió ver huevos de nuevo y les advertí que probablemente "el enfermito" se iba a morir, porque su mamá se dedicaría a cuidar los huevos, pero no sucedió así; por el contrario, sus cuidados se intensificaron. Lo obligó a bajar del nido y en el piso del jardín trataba de enseñarle a volar. Se subía a una silla, lo llamaba desde allí, se bajaba y lo picoteaba cariñosamente en el cuello, lo empujaba, le piaba dándole ánimo, hasta que comenzó a dar pequeños vuelos torpes de un lugar a otro. Un día ya no estaba. Fuimos testigos silenciosos, porque pasamos muchas horas tendidos en el piso viendo el maravilloso espectáculo a través del vidrio, de cómo una madre abnegada fue capaz de sacar adelante a su pichón que tenía dificultades. Este ejemplo lo cuento a veces en las conferencias, para apoyar la conclusión de que el amor es capaz de todo, no importa cuál sea la dificultad de un hijo, el amor puede absolutamente todo.

Mencioné anteriormente que era bueno tener un Plan de Acción, sobre todo para los eventos que más nos cuesten, porque realmente "ciertos problemas no son para tanto". Entonces trataré de explicarlo de la manera más sencilla. Un plan de acción es una receta en la que se busca trabajar sobre un aspecto puntual y específico, es decir, no sirve para trabajar temas generales de la voluntad, pero puedo hacer un plan de acción para que mi hijo recoja los juguetes, que es parte de una virtud. Quiero decir que, para trabajar el orden, realizo una serie de planes de acción que voy cumpliendo paulatinamente: recoger los juguetes, luego recoger la ropa sucia, después tender la cama, y así iré avanzando en distintos temas. Se pueden tener planes de acción desde antes de los dos años con cosas que pueden realizar, pero los niños pequeños tienen memoria de corto plazo y si no sigo trabajando estas acciones lo pueden olvidar con facilidad; también puedo hacer un plan de acción en temas de matrimonio o de manera personal. Así que lo primero es tener un *objetivo* específico medible, para un tema que quiera trabajar con uno de mis hijos, porque conviene que sea individual: sigamos con el ejemplo de recoger los juguetes. Luego busco un *medio*: qué se puede hacer para facilitarle esta acción, así que trato de idearme algo, como una cesta donde quepan sus juguetes y que esté ubicada en un lugar apropiado del cuarto; esa canasta será más atractiva si la forro con un papel que tenga los dibujos animados que le gustan y también ayudará si lo acompaño mientras cumple con su labor. Seguramente yo lo puedo hacer mejor y más rápido, pero la perseverancia que tengamos para cumplir con este plan será fundamental en el cumplimiento del objetivo. Es importante recalcar que el plan es efectivo si lo trabajamos con visión positiva, siempre haciendo énfasis en los avances y no en los retrocesos, estimulando, felicitando, diciendo lo bueno que es y cuánto admiramos el esfuerzo que está haciendo. El plan también debe tener una *motivación*, que no es lo mismo que un premio. Si ofrecemos una recompensa entonces no vamos a lograr nada, porque su interés no estará en recoger los juguetes sino en obtener la recompensa; la acción debe ser interiorizada. Una buena motivación puede ser un termómetro dibujado en un papel y con colores, pegado en un lugar visible, y cada día que recoge los juguetes coloreamos una parte; los niños, que son muy visuales, irán viendo el avance, disfrutarán cuando vamos con ellos hasta la refrigeradora o donde sea que esté pegado el papel y les digamos "lo has logrado, estoy muy orgulloso, vamos a colorear otro escalón". No debemos quedarnos en esto para siempre, generalmente bastan un par de semanas, máximo tres, y después nos vamos con otra tarea, recordándole el éxito que tuvo con la primera. La carita feliz que utilizan en los preescolares es un excelente recurso. Por último el plan tiene una *evaluación*; medimos sus logros y sus avances, cuánto tiempo le está tomando, si un día lo hizo y otro no, si el medio que estamos utilizando es el adecuado o si debo replantearme alguna fase del plan. Veamos nuevamente: *objetivo, medio, motivación y evaluación*. Hagan la prueba; es más fácil de lo que se imaginan y seguramente ustedes tendrán más imaginación y creatividad que el ejemplo antes mencionado. Avancemos.

*¿Qué queremos
de los hijos?*

---

*Si educar es educar para la felicidad,
y si la familia es el ámbito natural de educación…
El mejor lugar para preparar a las personas para la vida
feliz es la familia.*

GERARDO CASTILLO CEBALLOS

Siempre le hago esta pregunta a papá y mamá en medio de mis charlas y las respuestas son diversas: quiero que hable varios idiomas, que sea un gran deportista, bailarín, científico, millonario y famoso sin importar cómo; con unas pocas diferencias, los padres queremos que nuestros hijos cumplan nuestros sueños, que sean lo que nosotros no pudimos ser. Entonces sigo indagando, preguntando, hasta que los padres comprenden cuál es mi punto y lo aceptan: quiero que mi hijo sea feliz, por sus propios medios, escogiendo su propio camino. Luego pregunto qué están haciendo para ayudarlos a conseguir esa felicidad y las miradas perplejas aumentan. Nada nos garantiza que nuestro hijos alcancen la felicidad, lo que sí podemos hacer es inculcarles valores y virtudes que les permitan ser mejores, ser éticos en todas sus acciones, respetuosos con los demás seres humanos y el medio ambiente, hacer bien su trabajo y todas las acciones que la vida ordinaria conlleva, levantarse ante los fracasos y comprender que su paso por el mundo tiene muchas aristas. ¿Todo esto? Sí y más, a través de la educación de cada día. Dice un viejo refrán español: "Obras son amores y no buenas razones", y sucede con la educación, decimos sin dudarlo que buscamos la felicidad de nuestros hijos, pero muchas veces se queda en palabras, en buenas razones. Demostramos el amor a nuestros hijos educándolos de buena manera, ser papá o mamá es a veces una tarea poco popular, significa que en ocasiones debemos decir que no, que a veces nos dicen "te odio" y por dentro nosotros decimos "pues yo te amo". El amor de un padre es tan grande que en ocasiones les negamos algo o los castigamos, cuando nuestra tendencia natural es a abrazarlos y mimarlos, pero de eso se trata, de ser unos padres que lideramos la educación. Hace poco le escuchaba a la reconocida psicóloga chilena, Pilar Sordo, que los padres de ahora hemos perdido las certezas y tiene mucha razón. Claro, pertenecemos a una generación que le tuvo miedo a los padres y luego le tenemos miedo a los hijos; creemos que ser buenos padres es ser complacientes, que ellos deben estar todo el tiempo entretenidos, porque de lo contrario tendrán traumas irreparables de por vida. ¿Se han puesto a pensar que desde su nacimiento procuramos que siempre estén entretenidos? Aparatos con música en la cuna, estimulación temprana, juegos de video, computadora, clases de lo que sea, pero nunca se nos ocurre que dejarlos que se diviertan por su cuenta fomentará su creatividad. A nosotros, los más viejos, nos sacaban de la casa cuando iban a trapear, no estábamos cuando llegaba una visita y nos bastaba una caja vacía para fabricar en nuestra mente la nave espacial más espectacular. Pero es que los padres también hemos perdido la creatividad. No se imaginan lo divertida que puede ser una caja llena de sombreros o disfraces; una tarde en el campo explorando los alrededores; tenderse boca abajo para beber de un manantial o ponerse impermeables y chapotear bajo la lluvia. Esas experiencias nunca se nos olvidan. Mi abuelo solía levantarnos de madrugada para que viéramos amanecer, y conducía sin rumbo por una carretera hasta que el sol salía; luego nos tomábamos un café en cualquier parte y regresábamos a casa. Yo nunca lo olvidé y he atesorado esas salidas de sol como momentos memorables. Lo he repetido con mis hijas, no salimos en el auto, pero nos sentamos en la ventana, envueltos en cobijas y comentamos cómo va saliendo el sol, cómo se ve un destello en tal montaña o cómo determinada nube va cambiando de color. No son más de veinte o treinta minutos, luego vuelven a dormir, no conversamos mucho, la mayor parte del tiempo compartimos silencios. Alguna vez pensé que lo hacían por seguirme la corriente o porque estaban pequeñas, hasta que escuché que se lo comentaban a unas amigas. Claro, las otras respondieron "tu papi está loco" y es muy posible que tuvieran razón, pero a lo mejor ellas están guardando en sus corazones esos minutos como yo lo he hecho. Se trata de encontrar alegría en las cosas simples, asombrarnos con este mundo maravilloso lleno de milagros. Algunas veces las cosas más pequeñas son las que ocupan un lugar más grande en nuestro corazón, así que también es nuestra responsabilidad que ellos disfruten un arco iris, una puesta de sol, o la imagen de un cachorro suspirando como si soñara.

Por otro lado nos quejamos a veces de los problemas que comienzan a dar nuestros hijos. Una enfermedad puede ser causa de que los sobreprotejamos. Ninguno de nosotros quisiera un solo sufrimiento para ellos y cambiaríamos todo lo que poseemos, mucho o poco, por darles salud o evitarles dolor, pero existen situaciones inevitables y ayudarlos a entender el dolor también es parte de nuestro trabajo. Podemos pensar que es una injusticia e incluso reclamarle a la vida de que nos haya tocado, pero nadie ha aprendido nada verdaderamente importante que no sea a través del dolor, nadie. Darles entereza, motivos de lucha, enseñarles a ofrecer ese dolor o esa dificultad por alguien que lo necesita más los convertirá en gigantes espirituales. Hay temas menores, como dificultades de aprendizaje que nos cuesta mucho aceptar. Entiendo que todos quisiéramos que nuestros hijos fueran genios y la verdad es que a veces los hijos de nuestros amigos nos hacen comprender las limitaciones de los nuestros. Comentamos felices en la oficina que nuestra hija de cuatro años sabe contar de uno a diez en inglés y por allá levanta las cejas otro que nos muestra un video donde el suyo de dos toca el violín y lee francés y mandarín. Queremos morirnos y le echamos la culpa al cónyuge porque en mi familia todos son genios, debe ser culpa de la de él que son tan "limitaditos", pero luego comenzamos a comprender la realidad. Nuestros hijos son seres humanos, que deben aprender a vivir con sus competencias y debilidades, deben comprender que algunas cosas les van a costar más que otras y que la valía de un ser humano se mide por su lucha y no por las caídas. Motivarlos siempre a ser mejores, encontrar en qué brillan, debe ser parte de esa motivación constante con la que les inyectamos autoestima; un instrumento musical, operaciones matemáticas, capacidad histriónica, una pelota de fútbol, lo importante es que lo haga bien y que lo haga feliz; las otras cosas tendrá que hacerlas, le costarán más, pero es en esa particularidad donde les decimos que aunque muchas cosas le cuestan, existen otras en las que son muy buenos. Por eso me opongo a que los castiguen quitándoles el partido, la guitarra o el grupo de teatro, pues en ocasiones no les queda más en qué sobresalir. Hace un par de años terminé de dar una charla a un grupo de chicos y chicas que estaban a punto de finalizar la secundaria, en la que les hablaba de cómo elegir una carrera profesional. Cuando terminaron las preguntas se me acercó una chica y me dijo que quería preguntarme algo pero no podía hacerlo en público. Casi me desmayo cuando escuché su duda: "¿Qué puedo estudiar yo que no soy buena para nada?". La verdad es que el desconcierto me dejó mudo. ¿Cómo puede ser posible que una chica que tiene el mundo desplegado a sus pies crea que no es buena para nada? ¿Qué ha pasado con su vida, qué le han dicho sus padres? No podemos permitirles que se convenzan de una atrocidad así, por eso mi insistencia en que todo sea en positivo. Nunca decirles que no sirven para nada, al contrario, "sé que te cuesta pero tú puedes; es normal que existan cosas que se te dificultan más, pero en cambio eres muy buena en otra cosa" —que tengo identificada—; "vas a lograrlo, eres capaz, no te preocupes que ya vencerás, sigue luchando, inténtalo, no importa si fracasas, el mundo no se acaba, te amo, eres maravillosa, un hijo o una hija magnífica, para mí eres todo, y eres extraordinaria, no importa si alguien piensa lo contrario". Les garantizo que un hijo educado en este ambiente es un luchador, sin miedo a enfrentar el mundo a pesar de las limitaciones que como seres humanos todos tenemos. No podemos compadecerlos ni criticarlos, siempre en positivo, y jamás, jamás compararlos con nadie, ni con nosotros mismos ni con sus hermanos, somos seres individuales, magníficos y únicos.

Pero hay otros problemas con los hijos, de comportamiento, de actitud, que no son culpa de ellos. Ninguna de estas situaciones obedece a los chicos, es culpa de los padres. Cuando un niño o niña tiene problemas de comportamiento o actitud, siempre es síntoma de algo más grande que está pasando en casa: conflictos familiares, pérdidas, violencia, desatención, adicciones, líos económicos, o mala educación, que podría estar relacionado con la desatención. Tenemos los hijos que nos merecemos, buenos o malos, bien criados o mal criados, pero es lo que nosotros hemos logrado —cosechamos lo que sembramos, ya lo dijimos—, así que cuestionémonos en este aspecto y realicemos una autoevaluación. No olvidemos que los hijos se educan por lo que ven, por lo que escuchan y por lo que se les dice.

Y bueno, llegó la etapa esperada, o va a llegar más rápido de lo que se imaginan y empezará el tiempo de cosecha. Lamentablemente esto no garantiza nada, pues es en esta etapa donde con más fuerza empiezan a ejercer su libertad, así que todo en lo que hemos trabajado es una especie de ayuda, sin que eso signifique que no se equivoquen al tomar sus propias decisiones. Cuando me dicen que la naturaleza es perfecta, tengo mis reparos, pues en el desarrollo del ser humano hace las cosas al revés: primero los prepara para la reproducción y después de algunos años para tomar decisiones. Sin embargo no significa una tragedia y ya en alguna página les dije que valía la pena disfrutar de ellos en cada momento, aún en esos cuando incluso nos "caen un poco mal". En las charlas sobre adolescencia, utilizo fotos de bebés y les digo a los padres que es para que se acuerden cuando eran lindos, olían bien y no contestaban estupideces, pero desde el otro punto de vista, para ellos tampoco es fácil. Su cuerpo crece desordenadamente, su aspecto no es tan agradable, a los hombres les crece el cuello y la nariz primero que los huesos de la cara, las chicas se deprimen, les salen granos, se engordan o se enflaquecen y suelen tener cambios de ánimo repentinos y salvajes que ellas mismas no entienden, desde ataques de euforia acompañados de risotadas, o llanto inconsolable porque un cantante famoso terminó la relación con la novia de turno. Así que entender a ese adolescente me servirá para evitar malos ratos, para que esas "alitas" que hemos estado cuidando acaben de madurar, sin olvidar que es muy probable que ya hayan vivido con nosotros más de la mitad del tiempo que lo van a hacer, ver las cosas desde esa perspectiva nos ayuda a tener paciencia.

Como en todas las edades, la comunicación es fundamental. El varón se acercará un poco más al papá y la mujer a la mamá, porque empiezan compartir temas en común, como actividades, conversaciones y gustos, pero eso no quiere decir que se acabe la relación con el del sexo opuesto, al contrario, se puede fortalecer más. No me gusta cuando hablan de ser amigo de los hijos, yo quiero ser papá de mis hijas, amigos tienen y tendrán muchísimos, y muchos papás caen en la trampa de convertirse en cómplices. Un adolescente es como un bebé, empieza de nuevo a descubrir el mundo, a tropezar con las cosas; olvidan muchos de los hábitos que les hemos inculcado y les encanta practicar el encantador deporte de hacer enojar a mamá o a papá, de meter el dedo en la llaga que más les duele: "Cuando tenga tu edad no voy a estar tan acabada" o "ya estás demasiado viejo para tal cosa" y si tienen ganas de asesinarlos de vez en cuando significa que son padres extraordinariamente comunes y corrientes. Convertir la casa en un campo de concentración o de batalla no tiene sentido, pero debemos mantener la autoridad a toda costa, sin desgastarnos en enojos y menos en gritos, que ya es perderla. Vamos a ser los malos de la película y seguramente escucharán la palabra "injusticia"; pero no podemos ceder ante la presión. Hace poco me decía una mamá que tenía un problema serio con su adolescente, porque veía televisión hasta muy tarde y luego en clase pasaba muerto de sueño. Yo le pregunté dónde estaba el televisor y me respondió que en el cuarto del chico. Mi respuesta fue irónica, pero es que a veces me molesta la incompetencia de los padres: "Verá, señora, es muy fácil, existe una técnica fundamentada en profundas teorías psicológicas: usted va al cuarto, se acerca al televisor, mira detenidamente al chico y luego observa la parte de atrás del aparato; toma el cable negro, lo desconecta y ¡se lo lleva! Lo esconde, lo regala o lo guarda en un armario, pero el tipo se queda sin ver televisión". Ella sonrió sin entender muy bien y respondió entre dientes que se iba a enojar y a dar gritos y en fin, lo que un muchacho en esa edad hace ante la frustración. ¿Y si se molesta? Se va a molestar cuando le diga que regrese temprano de la fiesta, o si no lo deja ir; se va a molestar si le dice que apague el teléfono en la mesa, que no juegue con la pelota en la casa y por lo que sea, y a mí no me importa, es su problema, se enoja porque es normal, porque es un muchacho sano, al que le funciona bien su cerebro y su desarrollo. Si él o ella le contestan: "Gracias mamita, sé que lo haces por mi bien, te quiero mucho" a ese deben llevarlo al psicólogo porque está rarísimo. Se va a encontrar también con la frase "soy el único" con tono de víctima. "Soy el único al que solo le dan permiso hasta la una de la mañana" o "qué vergüenza, qué pensarán de mí, soy la única que no tiene el último iPhone". Son frases que utilizan para extorsionarnos. De hecho, algunas madres cómplices tratan de congraciarse con sus hijas cuando de eventos sociales se trata, nos llaman para pedir permiso en nombre de fulanita, pobrecita, que no va a ir al paseo, a pesar de que mamá y yo ya decidimos que no iría, porque tenemos nuestras razones; les digo que entiendo perfectamente, yo lo he vivido, pero no se preocupen, primero tengan en cuenta que la educación no es una democracia, es una dictadura, yo soy quien pongo las reglas, no me importa que en las demás casas se haga lo contrario, yo decido y yo impongo, y me pueden llamar todas las mamás del curso y trataré de ser educado, porque a veces es fácil perder la paciencia e igual tendré que decirles que no. Si mis argumentos no las satisfacen, pues terminaré diciendo que no, porque me da la gana, que también es un derecho que tengo como padre. Por supuesto que no se trata de decir no porque no, se trata de tener razones, pero algunas veces no las tenemos, simplemente obedecemos a una intuición y esto también es válido. No nos gusta el amigo nuevo, y no tenemos razones, pero algo por dentro me dice que no es bueno; entonces confío. A medida que van creciendo preferimos no meternos en todo, pero debo recordarles que la educación es un trabajo a largo plazo, los resultados se ven mucho más adelante, buenos y malos; entonces vale la pena. No se trata de ser unos ogros. A estas alturas he hablado mucho de comunicación, de simpatía, de buen talante, pero también dije que ser papá era ser, en ocasiones, poco popular.

Claro, no vale la pena desgastarse en muchas cosas, yo diría que deberíamos apuntar alto. Para qué me desgasto peleándome con ella por el orden, cuando es una chica obediente, respetuosa, dócil y buena estudiante. No significa que le dejo abandonar su vida al caos, quiero decir que soy un poco más tolerante y le exijo menos que en otras cosas. Una vez, cuando trabajaba con chicos de secundaria, una mamá me pidió que le dijera a su hijo que se cortara el pelo. Claro, el corte de pelo era una exigencia de la institución y debía cumplirla, pero si yo no puedo hacer que mi hijo de 16 o 17 se corte el pelo, mucho menos podré decirle que no conduzca embriagado o que llegue temprano a la casa. También podría uno plantearse: está joven, es un buen chico, ya le va a pasar, qué importa que lleve el pelo largo. Esto depende de lo que decidamos, sin irnos en contra de las reglas del colegio. Si hemos escogido esa institución para ellos, entonces apoyamos las normas y decisiones que tomen, no nos ponemos en contra cada vez que algo no nos gusta. Pero a lo mejor decido que el pelo no es tan importante y en el tema del licor o de la hora de llegada me paro fuerte y no cedo ante ninguna súplica. He tratado de explicar que lo fundamental es que nos pongamos de acuerdo con nuestra pareja o con la persona que nos ayuda con la educación, porque puede ser el abuelo o el tío. Decidimos qué vamos a hacer en determinados casos y además, esto es muy difícil, decimos: qué pasaría si… ¿Y si viene borracho, qué hacemos? ¿Y si la llegáramos a encontrar con drogas? Quiero que si algo se les quede en sus mentes sea "mi hijo es capaz de todo", por favor, interiorícenlo: "Mi hijo, mi hijita del alma, mi tesoro, es capaz de todo" porque es normal, porque siente deseo, porque tiene curiosidad, porque se deja llevar por la presión del grupo, porque es débil, porque quiere ser popular o porque quiere llevarnos la contraria. Pero es un tremendo error, sé que duele, decir que mi hija jamás aceptaría drogas, o jamás se acostaría con el novio, porque no estaría siendo realista. No es que no le tengamos confianza, se la tenemos, la hemos criado bien, pero es una chica joven y no está lista para tomar algunas decisiones. En este tema de la confianza quiero rectificar un poco. Le tengo confianza, le digo que se la tengo, se lo recuerdo cada vez que puedo, pero en realidad desconfío de ella, porque es normal y está en la adolescencia, y cada vez que puedo miro con disimulo en el cajón de su escritorio, o en la gaveta de su ropa interior, en los bolsillos de su mochila; no con paranoia insana, sino por precaución. No quiero encontrarme nada, estoy casi seguro de que no hay nada, pero quiero decirles que pasan hasta dos años de consumo habitual de droga hasta darnos cuenta de que el adolescente es un adicto, ¡dos años! Cuando los padres somos muy comprometidos, lo que llamamos padres "contracorriente", nuestros hijos podrían aprender a decirnos lo que queremos escuchar. No quiere decir que sean hipócritas, significa que son adolescentes y que tratarán de sacar partido de cualquier situación. "Mamita, me demoré en llegar de la fiesta porque fulana estaba ebria y yo me quedé cuidándola y aconsejándola" y sentimos la tentación de pensar lo maravillosa que es y lo bien que la hemos criado, pero no podría ser cierto del todo. El tema del cumplimiento de la hora me parece fundamental: "Si quieres que te deje ir debes cumplir con ciertas cosas", y debo contar una anécdota que me hace mucha gracia, pues es una muestra de que la imaginación, las buenas ocurrencias y el sentido del humor funcionan más que un castigo o una sanción fuerte. Tengo un amigo que siendo abuelo, todavía tenía a su hija menor en los quince años. Siguiendo el buen criterio, comenzó a llevarla él mismo a sus primeras fiestas, la dejaba en la puerta de la casa y la recogía a la hora convenida, pero ella tardaba en salir, causándole al padre nos solo molestias sino unas malas noches terribles. Cuando la fue a dejar en la siguiente fiesta le advirtió: "Verás, voy a estar aquí a las doce, como no salgas a esa hora lo vas a lamentar". Imagino que ella, acostumbrada a ser la mimada entre hermanos que pasaban los treinta, pensó que el papá no hablaba en serio. Él llegó puntual, antes de las doce y comenzó la espera; —no sé cuántos de ustedes tengan hijos en edad de irlos a recoger a las fiestas, pero es terrible, porque no sabes si dormirte y poner el reloj para ir a recogerla, o quedarte despierto hasta que sea la hora, con las consecuencias del día siguiente—; el soñoliento y cansado papá esperó largos minutos, sin que ella apareciera ni le contestara al celular, así que se decidió a entrar. Estaba en pantalón de pijama corto, una camiseta rota de alguna campaña política, descalzo y con una gorra vieja —supongo que se preparó para la ocasión— y entró jovial, saludando a todo el mundo de mano y llamando a fulanita a todo pulmón. Se presentó con todos los muchachos de la fiesta, se tomó un trago con el dueño de la casa, y aunque ella le suplicaba con lágrimas en los ojos que se fueran, él le respondía que se divirtiera que la fiesta estaba buenísima. Le dejó de hablar una semana y se enfurecía cuando en la mesa del comedor los hermanos se burlaban con lo sucedido, pero jamás, jamás se volvió a demorar para salir; es más, cuando papá llegaba a recogerla, ella ya lo estaba esperando en la puerta. Debemos confiar mucho en los padres que organizan la fiesta y cuando es en algún club, hablarles de los peligros que pueden correr si abandonan el sitio. Una vez, mientras mi esposa y yo acompañábamos a unos amigos que debían recoger a su hija al final de una fiesta en un club tradicional, observábamos cómo las parejitas de adolescentes salían y se perdían en la oscuridad de los alrededores, en pleno centro de la ciudad, en medio de peligros que ellos ni siquiera podían imaginar. Regresaban después de un rato, entraban a la fiesta y cuando los padres llegaban, salían cándidos, como si nada hubiera pasado. Nuestros amigos rezaban cada vez que una chica salía, para que no fuera a ser su hija, no porque desconfiaran de ella, sino porque estaba muy joven y bien podía ceder a la presión del ambiente. Nadie la iba a obligar, nadie la iba a engañar, existía la posibilidad de que saliera, aunque sabía perfectamente que estaba mal. No creamos todo lo que nos dicen, porque si descubren que nos manipulan con algún tema, pues entonces lo usarán hasta el cansancio.

Siguiendo con el tema de las reglas particulares en cada casa, debo tocar el asunto del alcohol un poco, porque me parece que es uno de los temas puntuales que está afectando a la juventud en nuestros días. Tampoco voy a satanizarlo, quienes me conocen de cerca saben de mi afición por el vino y el *brandy*, y siento debilidad por una cerveza helada para calmar la sed. Conozco casas donde no se consume una gota de alcohol y lo exigen de los hijos, y me parece bien si así lo han decidido. En muchas ocasiones los hijos de estas familias consumen licor a escondidas y entonces se desvirtúa por lo que han luchado. Como educamos para la libertad, entonces es necesario hablarles de la moderación, porque finalmente es la clave. Un par de copas de vino son muy agradables con la comida, pero el estado de ebriedad es deplorable. Incluso ni siquiera se trata del número de tragos que me tomo, porque los organismos son distintos, sino de control. No tomo porque estoy conduciendo; he tomado dos copas, ya es suficiente. En algunas sociedades es muy complicado el tema de no tomar y algunos nos volvemos mentirosos y terminamos con un vaso en la mano toda la noche para que no nos insistan o nos sirvan sin preguntarnos siquiera si queremos más. Ellos deben aprender dos cosas: a decir que no y listo, o a evadir a los anfitriones o a los amigos con una coca cola con mucho hielo. Es probable que sea mejor la primera, pero ambas funcionan. En casa —insisto en que esto es personal y se decide en cada casa, así que no son modelos de conducta sino experiencias— no le ponemos mucho misterio a este asunto y si quieren probar de la bebida que estamos tomando les permitimos, aun cuando han estado pequeñas. Creemos que si quitamos la curiosidad podemos trabajar mejor el tema del control. No nos han visto borrachos, se dan cuenta de que disfrutamos ese par de copas sin excedernos y en las ocasiones especiales les ofrecemos un poco de vino. Esto no significa que vayan a ser alcohólicas; ellas tomarán sus propias decisiones, pero mientras tanto estoy convencido de que no sentirán curiosidad. Se debe hablar abiertamente de estos temas, hablar de las consecuencias del exceso, porque el problema no está en probar el licor, sino en que toman hasta quedar tendidos en el piso. Una cosa es un sorbo de cerveza, o una copa de vino para brindar en familia, pero algunos papás fomentan las bebidas alcohólicas en las fiestas y no todos los chicos y chicas tienen la misma capacidad de aguante o la madurez para decir que no. He visto chicas muy jóvenes tendidas en el piso y sin poder levantarse porque abusaron del licor. Entonces hablar del asunto es la clave, porque prohibirlo es muy difícil, sobre todo cuando comienzan a gozar poco a poco de más libertad. Deben entender los riesgos de subirse a un auto con un conductor ebrio, que el alcohol nos hace perder la voluntad y podría hacer cosas que normalmente no haría: aceptar drogas, tener sexo o acciones que podrían poner en riesgo su vida. Estas cosas las pueden hacer también estando sobrios, pero bajo efectos del alcohol no van a tener ninguna posibilidad de elegir. Ese es un buen argumento para ponerse firme en el tema del horario; para pensar que no deben empezar muy pronto con las fiestas hasta tarde. No hay una edad, eso lo deciden los padres, pero una chica o un chico de doce años no deberían estar en una fiesta de media noche. Luchar por demorarlos todo lo posible nos da una ventaja de madurez, pero esto cambia de acuerdo a la personalidad y el carácter. Si van a ir a las fiestas, que seamos nosotros quienes los recogemos, pero si le vamos a delegar esta misión a otro papá o mamá, que sea de nuestra entera confianza, porque hay papás confiables y hay otros en los que no confiaría de ninguna manera, porque no tienen criterio y porque no comparten mis objetivos de vida. Cuando salen de la fiesta, están eufóricos, comentan ente ellos todo lo que pasó, dicen nombres, cuentan anécdotas, esto es invaluable, porque luego no vuelven a abrir la boca. Ser estrictos con la hora los hace más responsables para que cumplan las reglas; cuidar la vestimenta es importante —sobre todo las niñas; el pudor cobra mayor importancia cuando comienzan a ir a eventos sociales donde hay alcohol y personas de todas las edades—. Tengan mucho cuidado con las fiestas pagadas, no sé el nombre genérico que se use en otros países, pero son fiestas organizadas por marcas comerciales, que reúnen a jóvenes de diversas edades en un sitio alquilado, sin control alguno. Dentro de las "actividades o atractivos que ofrecen" están la "hora del embudo" que consiste en introducir licor en la boca de un chico o chica a través de una manguera conectada a un embudo. Es un juego peligroso, que puede ocasionar un paro respiratorio; tienen una habitación para citas a ciegas, usualmente hay drogas y alcohol, y se reparten condones y píldoras del día después; un ambiente que no queremos para nuestros hijos, sobre todo porque allí irán personas mayores, vendedores de drogas y pervertidos en busca de chicos y chicas bajo el efecto del alcohol o en busca de emociones fuertes.

Debemos temerle a muchas cosas. Hoy no tienen que ir a una parte oscura y alejada de la ciudad para comprar drogas; basta con poner un mensaje de texto y en pocos minutos llegará un chico en motocicleta para darles el pedido. Muchas de las drogas actuales no tienen efectos secundarios visibles; no hay ojos rojos, ni pérdida de equilibrio, saben bien que no se pueden mezclar con licor así que ni siquiera traen el aliento oliendo a alcohol, lo único seguro es estar cerca, hablar con ellos, mirar cambios extraños en el comportamiento —cuidado que en la adolescencia esto puede ser normal— pero un papá o una mamá comprometidos saben a lo que me refiero.

Seguimos teniendo embarazos en adolescentes, a pesar de toda la información y todos los comerciales; no le hable a sus hijos de cómo usar un condón, hábleles de abstinencia, de esperar el momento adecuado, de luchar contra sus instintos, esto los va a hacer más grandes que usar un preservativo; los índices de enfermedades venéreas son alarmantes, mejor prevenir que lamentar; además, la promiscuidad no hace feliz a nadie, la felicidad la asegura el amor, el hacer las cosas bien. No puedo decirles que el sexo es malo, porque les estaría mintiendo; hablo de responsabilidad, de evitar; si a mi hija no le digo que un beso o una caricia la pueden llevar a tener una relación para la que no está preparada no le estoy diciendo la verdad; le debo decir que debe evitar estar a solas con su novio porque le gusta, le parece lindo, es normal y si están solos puede pasar algo que podría evitar en otro momento; a mi hijo le digo que existe un límite, que llegado a cierto nivel, no va a poder decir que no, que es más hombre el que espera por la mujer indicada que el que se acuesta con muchas; es hora de romper con las ideas machistas que se generalizaron tanto en generaciones pasadas. Tener información adecuada nos puede dar argumentos, por ejemplo, no nos dicen que el virus del sida es 300 micras más pequeño que la composición molecular del látex, así que un condón no es "seguro"; tampoco con otras enfermedades, el sexo implica contacto con muchas partes del cuerpo; así que una conversación cruda, honesta y sin tapujos le puede ayudar más que una amenaza. El adolescente por naturaleza tiende a creer que sabe todo, que tiene mucha más información que nosotros, pero los índices nos hablan de otra realidad. Hace poco vi un promedio que me dejó preocupado: en Latinoamérica, los chicos están teniendo contacto sexual desde los 10 años y con las drogas desde los 11. Alarmante, ¿no? Es irresponsable pensar que están demasiado pequeños para tratar estos temas, porque el ambiente nos dice lo contrario. No estoy de acuerdo en que los temas sexuales se trabajen de manera general con los más pequeños. No todos sienten curiosidad o han tenido contacto con imágenes, así que debemos guiarnos por lo que preguntan, lo que comentan. Si les escuchamos comentarios de doble sentido, probablemente sea un indicador de que algo está pasando por sus cabezas; la educación sexual debe ser trabajada en casa, por los padres, según el criterio de cada hogar, no como una clase de biología; eso queda para después, cuando están más grandes. Mientras tanto, algunos despiertan más rápido que otros, y debemos preguntarnos si está teniendo conversaciones con alguien mayor, o está visitando páginas de Internet indebidas. Lo que sí debemos hablar desde temprano es del cuidado de sus genitales, de que nadie debe tocarlos; no utilizar nombres raros o apodos tontos para los genitales, que desde pequeños llamen a las cosas por su nombre y siempre inculcarles respeto por su cuerpo. Así como hay libros infantiles que manejan bien el asunto y nos pueden ayudar con el tema de la sexualidad, hay otros que lo pueden distorsionar, dándole al sexo un carácter totalmente utilitarista y complaciente. Educar en la sexualidad es preparar para el amor, y preparar para el amor es educar para la vida.

El buen uso del tiempo libre ayuda a los adolescentes a luchar en el tema de la pureza. Estar inactivos mucho tiempo no es bueno. El deporte y el aire libre son aliados importantísimos de la adolescencia. Probablemente me toque abordar con ellos temas álgidos como el de la masturbación y si llego a encontrarme con una situación incómoda no debo sobredimensionarlo; le hablo del tema de la lucha, de la constancia, de la fuerza de voluntad, pero sobre todo de evitar: la pornografía, la soledad, la curiosidad, haciendo énfasis en que es normal y que si tiene alguna duda tenga la total libertad de preguntarme, pues de lo contrario encontrará por fuera algunos instructores que lo desviarán de lo que queremos. Cuando me pregunten sobre estos temas tan complicados, debo morderme la lengua y aparentar naturalidad, pues de lo contrario no me volverán a contar nada

Cuidado con la depresión, no es asunto de pensar que es algo intrascendente. Es verdad que la adolescencia es una etapa donde los cambios de carácter son una de las principales constantes, pasan de la euforia a la tristeza, de la mayor amabilidad a comentarios agresivos, un día somos sus mejores amigos y al siguiente les resultamos insoportables. Es normal, es parte de la edad y la mayoría de las veces no es culpa de ellos, porque no pueden manejarlo; es ahí donde mostramos paciencia, comprensión, cariño o simplemente los ignoramos. Sin embargo, la depresión en la adolescencia es un tema de cuidado que la mayoría de las veces necesita ayuda profesional y que puede llegar a tener consecuencias nefastas, desde problemas de personalidad para el futuro hasta el suicidio. Según las estadísticas que se pueden encontrar en nuestro medio, uno de cada cinco adolescentes sufre de depresión. El mayor problema es cuando creemos que nuestro hogar es perfecto, pues papá y mamá tienen una buena relación, los hijos van a buenos colegios y cumplimos y hacemos cumplir las reglas; prestarle atención a un adolescente significa que tenemos que dar mucho más. Mamá y papá son fundamentales en su crecimiento emocional. Es importante saber que nuestros hijos están en mayor riesgo de caer en la depresión cuando hay problemas en la familia; si tienen baja autoestima o son muy críticos y exigentes con ellos mismos; cuando tienen problemas para socializar, presentan problemas de aprendizaje o tienen una enfermedad crónica. Cuidado con las chicas, pues tienen más riesgo de sufrir depresión que los varones. Mencioné al principio que es bueno recurrir a profesionales para que nos ayuden a tratar estas situaciones, pero también podemos prevenirlas. El amor, claro, es fundamental en el desarrollo de nuestros adolescentes, no importa que ellos aparenten que no les gusta, están ávidos de cariño, de abrazos. Conocerlos es lo más importante, es nuestra mejor arma, y este conocimiento, esta cercanía, solo se logra con diálogo íntimo, mostrando interés por sus cosas, pensando que a veces sus problemas son para nosotros inconsecuentes y hasta ridículos, pero para ellos son una verdadera tragedia; levantarles la autoestima, decirles que estamos orgullosos de lo que son, de las cosas que hacen, ir al colegio a sus presentaciones, aunque estén grandes, son mecanismos que los protegerán de esos bajones de ánimo que se pueden convertir en depresiones. La tendencia es que a medida que van creciendo dejamos de asistir a las citas que nos hacen del colegio, sean reuniones de padres de familia o presentaciones artísticas.

Nuestras hijas e hijos se tienen que sentir atraídos por nuestra personalidad, si los alejamos no van a tener nadie a quien más acudir, y no podemos olvidar que ellos son nuestro mayor tesoro, nuestra mayor inversión, así que todo vale la pena.

¿Qué otro tema podríamos tratar en los últimos capítulos? Indudablemente está relacionado con el primero. Si el pilar de la vida familiar es el matrimonio, entonces son ellos los que transmiten valores, alegría, ejemplo y generan momentos naturales clave para ese crecimiento de cada uno de sus miembros, incluyéndolos a ellos. La convivencia de personas tiene sus aristas, no es fácil; aunque nos amemos y necesitemos, siempre van a existir pequeños roces, que igual debemos cuidar, manejar con prudencia y dejar que prevalezcan las frases de "perdón" y "te amo".

Para que la convivencia crezca debemos conocernos unos a otros, entender que tenemos diferentes formas de ser, que ese mismo carácter que nos distingue es cambiante y que los elementos externos nos afectan de distinta manera a todos. Admiro muchísimo a las familias numerosas, pues simplifican las cosas de manera extraordinaria. Los hermanos mayores se encargan de los más pequeños, existe más disciplina porque la logística a la hora de comer o usar el baño así lo exige y siempre hay mayor tolerancia o por lo menos facilidad para encontrarla. En cambio las familias más pequeñas tenemos choques por cosas más simples. Algunas circunstancias son menores y normales y los padres no deberíamos desgastarnos de manera exagerada, como las peleas entre hermanos. No debemos permitir que se agredan y siempre es bueno exigir respeto, pero parte de las enseñanzas de la vida salen de esa convivencia diaria durante la infancia. Seguramente los han escuchado discutir airadamente, lanzarse alguna almohada y después de gritarlos y amenazarlos escuchamos las risotadas en la habitación. Los hermanos son nuestros primeros amigos, nos entrenan para defendernos del *bullying* a través de lecciones prácticas de defensa personal y salen en nuestra ayuda cuando más los necesitamos. No es bueno mostrar ninguna clase de preferencia entre los hijos, aunque haya alguno que tiene más cosas en común con nosotros; debemos decirles constantemente, de manera individual, cuánto los queremos; compararlos es pésimo, porque ahí sí que vamos a fomentar odio entre ellos. Ya mencioné las salidas individuales, ellos nos necesitan, a papá y a mamá y algunas veces a solas. Cuando tenemos varios, podemos olvidarnos del hijo sánduche, ese que no es el mayor ni el menor. El pobre se ha vestido con ropa usada toda su vida, y fue desplazado por un hermano nuevo; el mayor le pega y al menor no lo puede tocar porque lo reprenden; la pasa mal, realmente, si se ponen a pensar, así que no lo descuiden, piensen en ese que es más callado, que no demanda atención, que no es el que más molesta ni el que más llora.

Veamos cómo podemos mejorar la vida de familia, asumiendo ese liderazgo que debemos tener como padres y comencemos desde lo básico, repitiendo lo que dije al principio: papá y mamá debemos estar el mayor tiempo posible con los hijos, no en casa, con ellos, porque ya vimos el resultado de estar en casa pero no intervenir. Tampoco se trata de abrumarlos con nuestra presencia y quitarles su independencia, pero estamos ahí; ayudamos a nuestra pareja en las labores del hogar; si alguno de los chicos necesita una mano con la tarea tratamos de colaborar; vemos televisión con ellos; comemos juntos; los bañamos; les leemos y participamos de sus historias. Esto es una trabajo de papá y mamá. Quizás no lo podamos hacer todos los días, pero nos repartimos la tarea, porque es parte del desarrollo emocional.

Toqué algunos temas de manera rápida, pero me lanzo a dar ideas y razones por las cuales vale la pena intentarlo. Ya hablamos de la importancia del tema de la cultura y uno de los pilares del hombre culto es la lectura. La afición por los libros puede ser innata, pero está claro que todo el mundo debe leer. Es probable que en una casa con los mismos libros y los mismos padres, tengamos un hijo que lee y otro que no lo hace jamás. Sin embargo, es un hábito que vale la pena fomentar desde pequeños, para que, a edades más avanzadas, cueste menos. Una buena táctica es contarles historias, cuentos que ya nos sabemos o simplemente historias familiares; esto los prepara para la escucha activa y les crea un marcado interés por la narrativa. No se preocupen si cuando están pequeños quieren escuchar la misma historia cientos de veces, esto sucede porque le tienen temor a lo inesperado; conocer el final, aunque les cause miedo nuevamente, los hace sentir más seguros. También les leemos cuentos tradicionales o modernos, que ellos mismos han escogido —es importante llevarlos a librerías y dejarlos que escojan sus propios libros, algunas de ellas incluso tienen mesas en la sección infantil— y procuramos cambiar las horas de lectura. Este pequeño comentario es personal, pero me preocupa que la lectura tenga efecto somnífero: "Te leo para que te duermas" y que después esto se vuelva como una especie de mecanismo que se dispara en el cerebro; quizás por esta razón a tantos adultos les da sueño leer. Pero si se hace de manera lúdica, divertida, haciendo ruidos, cambiando la voz, les garantizo que están formando un lector, un ser humano con capacidad para soñar, que son los que más necesitamos. Esto va de la mano con la escritura; así como es más fácil leer un libro de economía o de historia cuando he sido lector de literatura, es más fácil escribir un ensayo cuando he tenido la oportunidad de escribir algún relato. Jugar en familia al que cuente la historia más terrorífica o más chistosa es una increíble actividad para un fin de semana: se les plantea esto en la mañana y luego, en la noche, se crea el ambiente apropiado. También se puede planificar una noche de teatro, donde todos realizan una función de magia o de comedia; esto les estimula la capacidad de hablar en público, se pasa un rato ameno y, sobre todo, la pasamos bien juntos. Una recomendación: por favor, prenda la cámara, será inolvidable. Existen papás y mamás serios, que no ven nada de divertido en hacer un poco el ridículo, para ellos también están el karaoke y los juegos de mesa: jugar cartas, monopolio o cualquier cosa divertida es un excelente entretenimiento; mamá y papá pueden incluso tomarse un vino mientras tanto. Las salidas al aire libre son magníficas. Desde el punto de vista antropológico, los seres humanos que aprenden a respetar la naturaleza tienden a hacerlo con su propio cuerpo, en todos los sentidos. Respirar aire puro, hacer deporte, subir montañas o simplemente caminar por un bosque, son actividades que unen, revitalizan y forman muchísimo a los hijos. El deporte en general es formativo, pero no a todos les gusta o no todos tienen la misma capacidad, así que no hay que torturarlos tampoco. Un *picnic* al aire libre, donde todos participen, es una excelente idea. Lo atractivo está en la variedad, porque todos los sábados al campo o a la playa puede volverse tedioso, pero es posible variar con una noche de películas, comentarlas luego hace que los más pequeños vayan aprendiendo sobre el pensamiento crítico. Si aparece una escena inapropiada, tomar el control remoto y adelantar hasta que pase, les va dando una idea de lo que hay que hacer cuando estén solos. Consulten antes de ver una película en familia; hoy en día no se puede confiar en los referentes comerciales, porque suelen tener escenas inapropiadas sin ningún fundamento; ni óscares ni premios por el estilo son garantía. Consulten páginas de familia o a personas con buen criterio, es lo único. Si les sucede en familia, pues adelantan la escena con toda naturalidad o quitan la película y ponen otra, es otra forma de educar. Es difícil de transmitir todo esto en unas pocas páginas y probablemente me esté volviendo repetitivo, pero el ambiente familiar debe ser agradable, la casa, el hogar, debe ser un remanso de paz, de tranquilidad, de unión, donde nos apoyamos unos a otros. Cocinamos juntos, recogemos la mesa, lavamos los platos, compartimos una película, nos damos un beso antes de ir a dormir, son cosas que no se olvidan. Mientras escribo esto, no puedo dejar de pensar en las noches en que todos los pequeños nos subíamos a la cama del abuelo para que nos contara una historia —es increíble porque este evento ha aparecido incluso en algunas de mis novelas— y luego recuerdo la oración antes de dormir, el beso de buenas noches, alguien que te subía la cobija hasta el cuello y te daba unas palabras cariñosas, eso no lo supera nada en este mundo, para ellos es importante, sobre todo si va acompañado de un te quiero. Nunca olviden que la verdad sin cariño no sirve.

–¿Hija, qué quieres ser cuándo seas grande?
–¡Feliz!

Algunos padres me piden ayuda desesperados porque su hijo o hija está a punto de terminar la secundaria y no sabe qué estudiar, y lo primero que respondo es que le bajen presión, pues ya tienen bastante.

Quiero decirles que es normal que sientan dudas, de alguna manera están pensando en el título que van a llevar por el resto de sus vidas, aunque no lo ejerzan. Algunas personas nacen con un estetoscopio o libro de leyes bajo el brazo, otras son buenas para muchas cosas, o les gusta algo que no es bien visto en la sociedad, como el arte. Quienes mejor conocen a los hijos son los padres, saben de sus competencias y de sus debilidades, pero aun así los siguen presionando para que estudien cosas que no les gusten. En las universidades se registra un porcentaje alto de estudiantes que se equivocaron de carrera; algunos lo corrigen durante los primeros semestres, y otros terminan graduándose de algo que detestan. No solo se trata de frustración, también hablamos de un profesional que trabaja en algo que no le gusta, que no va a sobresalir jamás porque está condenado a la mediocridad. Los padres presionamos directamente: "Estudia algo que te dé dinero, lo que le sirva a la empresa familiar o aquello que yo no pude hacer", pero también podemos presionar de manera indirecta: somos una influencia muy fuerte, los hijos nos admiran y quieren ser como nosotros, inconscientemente; también soltamos nuestras frases: "Estudia lo que quieras, yo te apoyo, pero cuando seas médico" o "recuerda que la empresa te necesita", en fin, cosas que decimos con buena intención, pero es necesario saber que las profesiones las hacen las personas. Estudiar una carrera tradicional no les garantiza el éxito económico, ni estudiar música o literatura los convierte en desadaptados; lo importante es que disfruten, aprendan a querer lo que hacen, se sientan útiles a la sociedad y sepan que no hay nada peor que levantarse todos los días a realizar algo que no les gusta.

Comenzaría diciéndoles que la decisión se toma "con los ojos en el cielo y los pies en la tierra", soñando en grande. No importa qué tan descabellado suena lo que pasa por mi cabeza, debo apuntar lo más alto posible, y entonces lo aterrizo de acuerdo a mis posibilidades y mi entorno. Por ejemplo, si me gusta la Ingeniería Espacial, lo más probable es que tenga que estudiar fuera; si quiero estudiar Ingeniería de Petróleos, la posibilidad más grande es que me toque trabajar en pozos petroleros en lugares apartados. Todo eso para ir aterrizándolo; luego me pregunto por qué voy a estudiar. La respuesta a este interrogante es extensa. Realmente vamos a la universidad para formar nuestra cabeza; ninguna institución puede entregar a un alumno la totalidad de los conocimientos que necesita para ejercer su profesión, menos ahora cuando los profesionales no saben los problemas que tendrán que resolver en el futuro; voy a la universidad para tomar mejores decisiones, para ser alguien de bien, para aportarle a la sociedad, para realizarme, para formar a otros, para servir… fíjense que no he puesto la palabra riqueza por ningún lado, debería ser una consecuencia del buen ejercicio profesional y no una condición para escoger la carrera, pues no funciona así. Luego debo definir qué estudiar. Cuidado con lanzarse por lo que estudió mi papá, lo que está de moda, lo más fácil y corto, lo que estudia mi mejor amigo o lo que va a estudiar mi novia o lo que sea con tal de no escuchar a mi mamá diciendo que si no estudio me deja en la casa ayudando con los quehaceres. Los chicos deben tener claro qué es lo que les gusta y para qué son buenos. Así que conviene realizar un test vocacional, donde se miden gustos y aptitudes. No garantiza nada, pero ayuda a confirmar lo que ya sabemos. Personalmente recomiendo que lo hagan dos o tres años antes de terminar y de nuevo durante el último año de secundaria; este test debe ir acompañado de varias acciones: sentarse en internet, ojalá con papá o mamá, e investigar de qué se tratan las carreras y cuáles son las materias que se estudian durante este proceso. Algunos por ejemplo quieren ser ingenieros, pero odian las matemáticas; cuando revisan la malla que compone la carrera comprenderán que los números son fundamentales en el proceso. Hablar con profesionales en el campo les ayuda a vislumbrar el panorama de empleo, incluso sería de mucho provecho una pasantía en algún sitio que tenga que ver con lo que quiere. Conversar con los profesores nos puede revelar cualidades de nuestros hijos que desconocemos, así que es bueno dialogar al respecto con algunos de ellos. Una vez que se ha definido lo que quiere estudiar, entonces se miran las posibilidades de universidad. No le dejen esta decisión solamente a ellos, es una cuestión de familia, pues somos nosotros, en muchos casos, los que pagamos la colegiatura y tenemos derecho a incidir sobre esta decisión, no sobre la carrera pero sí sobre la institución. La universidad debe tener prestigio, basado en la investigación y en la exigencia, que se parezca a los que somos como persona y familia; algunos chicos suelen tener dificultades en ambientes fríos y muy numerosos.

La posibilidad de estudiar en otro país también es considerada por algunas familias. Es importante tener claro que no todos están listos para vivir solos; es una linda experiencia, que los forma bastante, pero para otros es traumática y en muchos casos trágica. En esta decisión entran criterios económicos y de madurez personal. No mentirnos sobre nuestros hijos es un acto honesto, que nos evitará dolores de cabeza y posiblemente lágrimas. En todo caso, si lo vamos a enviar a estudiar en el exterior, que no sea por esnobismo o por alardear con los amigos, sino porque es lo que más le conviene a su formación. Algunas universidades extranjeras comparten el formato de aplicación y otras tienen el propio, así que hay que averiguar bien los requisitos, entre los que están algunos exámenes internacionales, que varían un poco de un país a otro. Si se llega a equivocar, no pasa nada, uno o dos años y lo que cuesten no son nada al lado de lo que significa ver a una hija o a un hijo realizado.

El posgrado es otro tema que debe considerarse, pues se convierte en una necesidad. Así que se puede conversar con ellos de esa decisión, que en muchos casos supone un cambio profesional. Si soy abogado y estudio un MBA podría estar reorientado mi profesión.

En resumen, debemos venderles que nada es imposible de lograr, los sueños se consiguen persiguiéndolos con insistencia; no llegan de la nada por arte de magia, pero, si se sueña en grande, con los ojos en el cielo y los pies en la tierra, esos sueños quedan a nuestro alcance. Esta será la mejor lección que les podemos dar a los hijos, pues hará que nada sea imposible para ellos.

En un capítulo anterior veíamos que los padres líderes deben saber trazar objetivos, decirles a los hijos lo que tienen qué hacer para conseguirlos y además transmitirles el deseo de lograrlo. Pero ponerse objetivos no es tan fácil, porque es sorprendente que muchas personas no saben exactamente lo que ambicionan. Frecuentemente pregunto a los adultos qué quieren y más o menos todos responden lo mismo, pero de manera vaga: un buen auto, una casa grande, poder enviar a los hijos a una buena universidad, pero si ahondamos en el tema y les pregunto de qué color serán las cortinas de la casa inmediatamente cambia su expresión. Enseñarle a los hijos a saber exactamente qué quieren de sus vidas, desde pequeños, con claridad, con detalles, y tener un plan de cómo lo van a conseguir es una clave para el éxito. No se trata de convertirlos en máquinas, o en unos frívolos ambiciosos, sino en que comprendan que los sueños deben ser construidos. La psicología lo llama PNL –programación neurolingüística– y lejos de ser algo que depende de la suerte, obedece a visualizar lo que queremos, tenerlo claro y repetirlo todo el tiempo hasta interiorizarlo. Tiene mucho sentido, los grandes visionarios, inventores o artífices de ideas básicamente han sido personas que se han obsesionado con un sueño, a tal punto que lo han definido antes de conseguirlo: Walter Disney, Thomas Alva Edison, Steve Jobs, sobresalieron no solo por su inventiva y capacidad de ejecución, sino por ser soñadores que se empecinaron en sacar adelante lo que para muchos era una idea estúpida. Entonces les recomiendo este ejercicio para que sea realizado en familia, una vez al año, sin importar las edades que tengan. Nos vamos a la mesa del comedor, o nos tendemos en el piso, con revistas viejas, tijeras, hojas de papel y goma. El primer paso es explicarles que deben pensar en un momento de sus vidas donde han logrado cosas materiales, profesionales, espirituales, familiares y corporales —papá y mamá también hacemos el ejercicio—. Entonces cada uno busca en las revistas imágenes de lo que quiere para realizar un *collage* artístico. También sirven frases: éxito, dinero, amor, felicidad, etc. Recortamos, el auto de los sueños, la casa, la computadora, la bicicleta, y paso al otro ámbito; un chico graduándose, una mujer en una oficina elegante, una mamá cargando un lindo bebé, un chico con una chica hermosa tomados de la mano, y si tengo alguna convicción religiosa también buscamos algo que lo refleje. Podemos ir explicando lo que ponemos, mientras todos vamos recortando —además es muy divertido—: yo me voy a casar con un hombre muy atractivo y por eso recorto este chico; el otro quiere un Ferrari y la otra que quiere ser abogada encuentra una foto de una mujer con aspecto de profesional exitosa; los más pequeños colocan el viaje a Disney, un niño en el equipo de fútbol, algo que refleje el éxito escolar y así por el estilo. Luego paso a los objetivos específicos: está muy bien que quieras un Ferrari, pero ¿cómo lo piensas obtener? Lo orientamos para que la respuesta esté dirigida hacia su profesión y lo vamos pinchando para que aterrice su sueño. "Vale, vas a ser médico, o arquitecto; qué necesita un profesional de ese tipo para comprar un auto así". Entonces el juego sigue en el área de estudiar mucho, hacer una maestría, tener el propio negocio, etc. Para ser ese chico guapo y atlético, busco un niño alimentándose bien, haciendo ejercicio; lo motivo a que encuentre algo que lo ayude a conseguir esa novia hermosa, niños y niñas jugando sanamente o lo que él quiera; ¿quiéres tener hijos cuando tengas tu propio hogar? ¿Cómo crees que van a ser? ¿Quieres ponerlos en tu *collage*? Nosotros, papá y mamá, también les enseñamos la foto de dos ancianos agradables y simpáticos en los que nos vamos a convertir, unos hijos graduándose de la universidad, unos nietos abrazando a unos abuelos, en fin. Una vez que lo terminan, los objetivos generales —qué quiero— y objetivos específicos —cómo lo voy a conseguir— los animamos a pegarlo en un lugar donde lo vean todos los días: detrás de la puerta del closet, en el corcho junto al escritorio y lo revisamos cada año para hacerlo nuevamente. No debemos forzarlos. A lo mejor a uno de ellos no le interesa; pero si les vendemos la idea, todos van a participar. Parece un juego, pero en realidad tiene su explicación científica: los seres humanos necesitamos visualizar lo que vamos a conseguir y trazarnos un camino o estrategia para conseguirlo facilita las cosas. Finalmente el mensaje es: mientras más altas sean tus ambiciones, más dura será la lucha; trabajar duro y prepararte para aprovechar las oportunidades será fundamental en ese momento preciso que no volverá a suceder.

Así que se trata de inyectarles optimismo, confianza, elevarles los sueños para que piensen en grande. Queremos hijos e hijas ganadores, firmes ante las adversidades, conscientes de su misión en el mundo. Cuando comprendan que ellos mismos son los artífices de sus sueños, será más fácil tra-

bajar el tema de las drogas o del alcohol, obstáculos para empañar su felicidad. No basta con tener
éxito en una sola cosa, deben apuntar a todos los
ámbitos; no es suficiente con ser buen profesional,
necesitan ser padres fuera de serie. Seres humanos
integrales, que disfruten su paso por este mundo,
que cuando tomen nuestra mano en el momento
en que estemos partiendo, nos digan con el corazón: gracias papá, fuiste el mejor, me enseñaste a
ser feliz.

Índice